いばらの道の男の子たちへ

ジェンダーレス時代の男の子育児論

太田啓子 × 田中俊之

光文社

はじめに

太田啓子

こんにちは。数多くある子育て関連本の中から本書に興味を持ってくださって、どうもありがとうございます。

突然ですが、子育て本には例えば「男の子の育て方」「女の子の育て方」っていうふうに分けたタイトルのものって結構ありますよね。でも、子育てで大事なことって性別関係なく同じなんじゃないでしょうか。二つの性別で分けるっておかしいんじゃないでしょうか。私はそう思っています。

なのですが、この本はあえて『いばらの道の男の子たちへ ジェンダーレス時代の男の子育児論』というタイトルで、「男の子育児」を考えてみた本です。「性別なんて関係ないよ」ともちろん言いたい。でも、今の日本社会は、国会議員の女性割合（衆議院）は1割弱（※1）、男女賃金格差は男性一般労働者の給与水準を100とした時の女性一般労働者の給与水準は75.2という惨状で（※2）、上場企業の役員の女性割合は1割弱しかなくて（※3）、日本の女性は男性の5.5倍無償労働（家事、育児、介護）に時間を割いていて、諸外国と比較するとこの偏りは極端すぎます（※4）。日本はつくづく、性差別構造が強い社会です。そうすると、「性別なんて関係ないよ」と言える時代をむかえる前に、今は、性別ごとに違うメッセージを社会から私たちは無自覚に受け取っている（ジェンダーバイアスというやつですね）ということを前提に、それに応じた対応を考える必要があると思うのです。男の子の育児のありようを考えることは、実はこの社会全体の性差別をなくすためにとても大事なことで、決して、男の子の親とか学校の先生にしか関係ないということではありません。この社会を少しでも良くしたいと思うすべての人に関係あるテーマです。

その大事なテーマを、男性学研究者である田中俊之さんとざっくばらんにお話しする連載の機会をSTORY webでいただけたことは本当に幸運なことでした。田中さんとのやりとりの中で、自分の中のモヤモヤの言語化が深まったことを感謝しています。この本は、田中さんとの対談連載に加筆し、さらに、4人の方々の素晴らしいコラムを掲載したものです。

片田孫朝日さんの、男子中高生の教育現場における実践にはいつも勉強させていただいています。私は一度、片田さんのお勤め先の学校で授業の機会をいただいたことがあり、生徒さんたちの熱意と鋭い質問に、未来は明るいと確信しました。

フクチマミさんが村瀬幸浩先生と共著で書かれた『おうち性教育はじめます』(KADOKAWA)は、日本社会に静かな革命を起こしたといっても過言ではないと思います。多くの読者が「自分が子どもの時に教わりたかったことはこれだ。これが足りないから自分は生きづらかった、というものはこれだ」と感じたことでしょう。

バービーさんのコラム(※5)には、「胃袋を掴《つか》む」という言葉は「『男性にとって都合良い女でいるから側にいさせて』というスタンスを強要させられている」とあり、鋭い言語化に感嘆します。バービーさんのYouTubeは生理について語りやすくする空気を作ったと思います。すごいことです。

エマ・ブラウン『男子という闇』は本当に名著で、私の講演でも毎回紹介しています。この本を翻訳し日本に紹介してくださって、山岡希美さん本当にありがとうございます。男の子に対するジェンダーの抑圧をどうアンインストールするかという課題に真剣に取り組んでいる海外の事例の数々はとても勉強になり、普遍的に重要なテーマだと改めて感じました。ジェンダー平等を実現するためには、それを強く求め、具体的に動く男性たちが増えることがとても大事です。そのためには何が必要で、子育てや教育では何ができるのでしょうね。私自身毎日試行錯誤する中、同じ時代を生きる方々と問題意識を共有したいと考えて作った本です。ぜひ一緒に考えて、身近な人と話してみませんか？

※1 男女共同参画白書　1—1図　https://www.gender.go.jp/about_danjo/whitepaper/r05/zentai/pdf/r05_genjo.pdf
※2 男女共同参画局　https://www.gender.go.jp/research/weekly_data/07.html
※3 男女共同参画局　https://www.gender.go.jp/research/weekly_data/05.html
※4 男女共同参画白書　特—10図　https://www.gender.go.jp/about_danjo/whitepaper/r05/zentai/pdf/r05_print.pdf
※5 料理上手なフォーリンラブ♡バービーが「男の胃袋をつかみたくない」理由 https://gendai.media/articles/-/69051?page=4

目次 Contents

第3章

Contents

Contents

第8章

じゃれ合って股間を触るのは、男の子だったらOKですか？……151

暴力の定義を広げることで男の子たちを守る

Contents

第9章

あらためて振り返る旧ジャニーズ事務所の問題

少女たちへの淫行だったならば「隠しておいてもいい」とはならなかったのでは？……165

第10章

それでも時代は少しずつ良くなってきていることがわかるドラマや映画

ジェンダーレスについて楽しく学べるようなエンタメはありますか？……178

まとめ

第1章

キケン！　競争社会に組み込まれていく男の子たち

「うちの息子が社会で勝ち抜けなかったらどうする？」でいいのか。

Q.1

小６の息子とその友達４人で回転寿司に行くのですが、男の子たち

は食べたお皿の数を競い合います。お皿の数をかせぐために1貫だけのものを頼んだり、スイーツやデザートの皿をたくさん取ったり……。会計も困りますが、それ以上に過度なマウンティングの様子が気になります。

「オレのほうがすごい!」という意識がクセになる!?

太田啓子　回転寿司のお皿は、視覚的にわかりやすいからでしょうね(笑)。男の子は、給食でおかわりを競うとか、早食い競争をするといったことが多いですよね。マウンティングというよりも、ゲーム感覚なんでしょう。

おそらく、それを女の子がした場合は、周りからたしなめられるのではないでしょうか。女の子は、「みっともない」とまでは言われないにしても、「お行儀よくしなさい」というようなことで介入される傾向があるのかもしれません。

田中俊之　それはあると思いますね。やはり男の子か女の子かで、周囲の大人の態度が違うような気がします。

逆に言えば、男の子がたくさん食べているぶんには、「喜ばしいことだから」と受け入れてしまうところがあるのかもしれない。

太田　それが「微笑《ほほえ》ましい風景」というようなイメージがあるから、クスッと笑っちゃう大人も多いのでしょう。

マウント合戦的な男の子の話も、回転寿司の皿数を競うくらいであれば、別に悪いわけではないとは思うのですけれども……。

田中　うちの子どもはまだ小さいので、お皿の枚数がすごいということではなく、「生魚が食べられるのはすごい！」ということになってくるのですが、ここで懸念されるのは、お皿の数でマウントを取るような子どもたちが、そのうち学歴や年収といったわかりやすいところで、「オレのほうがすごい！」という意識になってくるのではないか、ということでしょう。

競争がクセになってきて、比較の中でしか自分の価値を確かめられないのだとしたら、僕はあまり良くはないだろうと思いますね。

競争に入らずに防御線を張る子がいてもいい

太田 うちの2人の息子たちは、いわゆる「負けん気が強い」とは対極にある子どもたちなんです。それはひとつの個性なので、いいことだと思っています。

例えば、「友達がいい成績を残した」と聞いて、「すごいね〜」と私が相づちを打ち、そのあと「僕も頑張る! 僕も負けない!」というふうにはならない。刺激を受けたのか、いつ発奮するのかと待っていても、そのまま終わっちゃって、あれ〜? みたいな(笑)。

確かに私も競い合いトップを目指せ、と子どもたちに刷り込んでこなかったのですが、それにしても今、高校受験が迫ってきて、実は私もざわざわしてきているんですよね。「こんなに競争心がなくて大丈夫なのか?」「もう少し発奮してくれないかな」と。息子は「平均点が取れているから大丈夫」とのんきで、そこにプラス1点、2点、増やそうとは思ってくれないような……。「どこそこの高校に行きたい!」という願望があれば発奮するのでしょうが、そういう発想があまりない子なんですよね(笑)。もともと、のんびりした性格で、男子だけでなく、女子の友達も多い。共通の推しアイドルについて、ガールズトークみたいに女子たちと盛り上がって話していたりするみたいです。

田中 それでも受験となると心配ですか？

太田 親のエゴかもと悩みつつ、不安になってきてしまいます。「もう少し取り組んだら、もっとできたはず」と思ってしまう。受験はいろいろと心配で……。

今の時代、進路の選択肢はたくさんありますし、私も受かったところに行けばいいと思っていますが、本当にのんびりした子なんです。友達を素直に褒めたりするのはいいところだと思っているのですが、「よし、僕も頑張ってみよう」とはあまりならない（笑）。かといって、競争に勝ち切ったような男の人が私の業界にはたくさんいますが、その方たちが人間として好ましいかといえば、必ずしもそうではないこともある。

だから、息子に発奮してほしいと思う時もあれば、勝てばいいというものでもないと感じることも……。私自身、揺れ動いています（笑）。

以前、私の著書『これからの男の子たちへ』（大月書店）に出ていただいた清田隆之さんのエピソードで「サウナに長く入っていられるか競争」というのがありました。本当はしんどくなったから出るのに、「オレ、飽きたからやめるわ」と言って出る。競争には負けたくない、競争に負けていないことにするために別の競争軸を持ち込むという男たちの心理。実際、男性の読者さんたちから、この点に関して「ある、ある!」という感想が多かったんです。

「カッコつけの負け」や「別の軸での競争」を認められるゆとりがあるといいですよね。

「この競争では負けたけど、他の世界もあるしさ!」と思ってほしい。

「そこで負けたから何だっていうの?」と大人が声かけをしていければいい。

逆に言えば、「その競争で勝ったからといって何の意味があるの?」ということです。

そう考えて、ふと競争を思いとどまってくれる瞬間があればいい。

田中　勝ち負け以外で自分の評価を高められるものがあればいいですね。自分が納得できるポイントのようなものが。

太田さんのお子さんの話も、競争心がないというより「僕はここだ! ここに行くんだ!」という「軸」がまだ見つかっていないだけなんだと思います。

太田　そうかもしれません。まだ見つけられていないのだと思います。それを、いつ、どうやって見つけられるかなんて、親が押し付けるようなことではないですからね……。

田中　自分の居場所が見つけられるように上手くフォローしていってあげることができたらいいですよね。

太田　本当にそうだと思います。

「ジェンダーバイアス親」が再生産されている

田中　食事のマウントの話に戻りますが、うちには5歳と2歳の2人の息子がいます。長男は今、食事をたくさん食べることをとても誇らしく思ってるんですよ。ごはんを何膳食べたとか、ラーメンを何人前食べたといって自慢します。僕はたくさん食べること自体悪いことではないと思うし、以前は好き嫌いもあって食が細かったので「たくさん食べていいね」と答えます。思い返すと僕自身も小さい頃にたくさん食べることを褒められた経験がありますから。

でも一方で、知り合いの女性は、子どもの頃に親戚のおばさんから「○○ちゃんは、すごいガッツいてたね」と言われたと。恥ずかしいことのようなニュアンスで言われたものだから、その女性もちょっと気にしちゃって……。そうなるともう普通に人前でご飯を食べることすら遠慮がちにしなきゃいけない。ジェンダーだな、と思いました。

食事という行為ひとつを取っても、男の子の場合は「たくさん食べられる」の延長に「できる」とか「強い」がある。一方で女の子には「人の分も考えて食べなさい」とか「ガツガツ食べちゃダメ」のように周りと協調することが求められる。結局、男は競争で、女の子は協調という感覚が今も残っている。仮にうちの子どもが娘だったとしても、ご飯はいっぱい食べたほうがいいと思うから、僕は褒めます。

子どもが駆けっこ競争している時に「負けるな」とか「男だから頑張れ!」と言うパパは、いっぱいいます。男の子は競争して上に立たなきゃいけないし、負けたら悔しがらなきゃいけない、というのは今の幼稚園や保育園でも感じます。男の世界で苦労してるんです。

太田 やっぱり親が子どもたちに、ジェンダーバイアスまみれなことを言ってますよね。愛情を込めていて悪意はないけれど、悪意のないジェンダーバイアスは結構あると思います。自分たちが親に言われてきたジェンダーバイアスがひそむ言葉を無自覚に子どもに言ってしまう――そんな世代を超えた「ジェンダーバイアスの再生産」。「女性がそれを言うの?」というママだってたくさんいます。

田中 「男は強くなければいけない」という。

太田　そして、「社会的成功者にならなければいけない」。

Q.2　息子が小6になったのですが、周りで受験する子どもたちは圧倒的に男子が多いのです。やはり男子ママたちのほうが〈いい学校に入れたい〉と思っているのかなと……。

「男の子はかくあるべし」というプレッシャー

太田　私の子どもは中学受験の機会がなかったのですが、中学受験をすごく頑張っている教育熱心なママが、「女の子はいいけど、男で勉強できなかったらシャレにならないじゃん」って、さらりと言ったりします。「男は社会の成功レールに外れてはならない」「男の子はかくあるべし」というプレッシャーが明らかにある。裏返せば、「女の子は勉強はそこそこでも、お金持ちの男をつかまえればなんとかなるだろう」という気持ちがあるんですよね。女の子が受験に失敗した時に親戚から「いいのよ、女の子はお勉強できなくても大丈夫よ」と慰められたという話を聞いたこともあります。

田中　そうなると受験先も変わってきますね。

太田　中学受験を経験した友人から聞いたのですが、男の子に比べると、女の子の場合は難関校を狙えるような学力があっても、家から近い学校とか、災害時に帰宅しやすい場所といった安全性を考慮して受験校のランクを落とすこともあるそうです。

一方で、息子を名門の男子中学校に行かせた方から聞いたのは、「うちの子に変な虫がついてほしくない」「遊ぶ女性と結婚する女性は分けてほしい」というようなことを言う同級生ママもいるのだとか。「将来、息子の相手はちゃんと息子を支えてくれる女の子じゃないと……」といった空気を醸し出しているママにびっくりしたそうです。

「社会全体のジェンダー平等より、うちの息子の人生のほうが大事!」

まだまだそういう人がいるんですね……。その息子が生きていく社会がジェンダー差別が強いままでは息子もほんとはつらいはずなんですが。

田中　僕自身は、特に勉強しろとは言われませんでしたし、大学院に行く時も、両親は「大学院って、どんなところ?」と、全然把握していないぐらいでした。でも、今の話を聞き、これからは親も考え方を変えていかなければいけませんね。

「良き学校、良き会社、良き家庭、良き人生」というものをいまだに強固に信じている人がいるんですね……。

太田　そうなんです、まだいます。

田中　バブル崩壊後、「会社にしがみつく人生はもうダメだ」と言われてから30年ぐらい経ちますが、高度成長期に植え付けられたそんな価値観を、今もなお親が信じ込み、押し付けているという問題……。大きい会社は潰れないという神話は既に崩れているのに。学生が毎朝、満員電車に乗って通学するのは大変です。通学に時間をかけて、わざわざ遠い学校の難関校に行かなければならない理由が僕にはわからないです……。うちの子どもたちも中学受験をするかもしれませんが、なるべく家の近所で探して、できれば満員電車には乗らせたくないですね。

人生は、大学を卒業した後の経歴のほうが長いですよね。それなのにどうして大学までの経歴にこだわるのだろうか、と思います。

先ほどの太田さんのお話に出てきたママたちは、息子さんがこれからの社会をどう生きるか、という視点が足りないんじゃないかと、そんな気がしてしまいます。

太田　私は、「いい大学まで行けたら、その先は慣性の法則のように順調に進んでいける」

と刷り込まれて育ったと思います。

ですが、ある時「慣性の法則みたいに進んできたけど、この先は全然違う」と気づいたわけです。今では、考えが甘かったと。でもその考えは、社会には根強く残っていますね。親は不安だからこそ、そう考えると安心できるのでしょう。今の時代は、いい大学や難関校だけではない選択肢があると知っていても、「それでも、うちの子の場合は、難関校に進んでうまくいく」と思ってしまう。

より安心な可能性があると思うと、それにこだわってしまうということなのかもしれません。

田中　将来的には、男性でも稼げなくなる時代が来る、という視点を持つべきではないでしょうか。既に周りを見渡してみても、稼いでいるのは男の人ばかりではありません。

太田　「うちの子は少数の勝ち組にならないと!」と、必死になるのでしょうね。それにしても、「男が稼ぐ」「男だから稼げる」という発想やこだわりは、どうにかしないといけないですよね。

田中　これからは「夫婦が2人で支え合っていく」というのが現実的なモデルです。

太田　例えば、年収300万円同士の夫婦で、年収600万円というように。

そういえば、友人の女性弁護士が、若い後輩弁護士の男性から「どうして弁護士になったんですか？　弁護士の奥さんになれば良かったじゃないですか？」と無邪気に言われたそうです。そうやって「女性はそんなに仕事を頑張らなくてもいい」と翼を折りにくるメッセージは、子どもの世界にもあるということですね。子どもの社会も大人が発するジェンダーバイアスにまみれまくっているんです。

大人が自分の中にバイアスを自覚して、それを少しでも減らそうとしながら、同時に子どもにもバイアスを少なくするために心がける——この難しさを私は日々感じています。

男の子は利他的な生き方に変わっていくべきなのに……

田中　はい。だからぜひ、この対談を通じて太田先生と一緒に考えていきたいと思います。女の子は「みんなと仲良くしなさい」とされてきたわけだから、これからはもっと利己的になっていい。ディズニープリンセスだって、最近は「自分」を前面に出すキャラクターが多いわけですが、そこにあるのは「女の子は虐げられてきた側なんだから、もっと自分を押し出していい」というメッセージなんです。それはとても明快でわかりやすい。一方で、男の子はというと、利己的の反対は利他的だから、これからは利他的になればいいはずなのですが、それにビビっているのが親たちなんですよね。

太田 全くそのとおりです。

田中 「そうすることで、うちの子が競争社会で勝ち抜けなかったらどうするの?」みたいな感覚があるわけなんですよ。だから「男の子は利他的に」というメッセージは、とおりが悪い。

太田 残念ながら、そうですね。

田中 そのジレンマをどう考えていくかが課題です。

太田 私自身、やっぱり女性の抑圧に苦しんでいたことがあるから、「女の子が男の子と同じようにしなさい」というのは、とてもわかりやすい。それと同じように、男の子が今までの女の子と同じようにあることも抵抗なく受け入れないといけないんですよね。でも、今の社会を前提にすれば、「らしさ」を求めて、息子に成功してほしい親の気持ちもわかる……。

それに、例えば現状は、共働きでもパパの収入のほうが高い家庭が多いでしょうから、世帯収入を下げるリスクを避けようと思えば、ママが育休を取ったほうが経済的合理性があるということになる。今の社会の規範では、さまざまな意味で女性が子育てをしたほうが無理の少ない選択になってしまうところがある。

まだ社会全体が変わってもいない状況で、無理が少ない選択をあえて取らずに新しいチャレンジをすべき人がどれだけいるか。新しいチャレンジを選択することで生きやすくなるかわからない現状では、既存の社会に適応するほうが安心だと考えるのは、もっともです。それが親心かもしれません。親が怖がっているということがよくわかります。不安なんですよね。

でもやっぱり、それではいつまで経っても変わらないし、短期的には合理的に見えても、中長期的には絶対に違う。むしろ今のままではリスクが大きい気がします。親も、変革を恐れない勇気と、社会をいい方向に変えていこうという気概を持たなければいけない――そういうふうに感じるママとパパが増えてほしいという思いが、私にはあります。

田中　本当におっしゃるとおりで、まずこの問題は中長期的なビジョンを持たないといけませんね。そのうえで、今できることから始めていかなければなりません。

第2章

身近なところで、まだまだジェンダーギャップにあふれた世の中
「プリキュアより仮面ライダーのほうが強い」という息子が心配……

Q.3

マンガやテレビ、あるいはYouTubeには、まだまだ男女に関する歪んだ価値観が広がっていると思います。それらが子どもに刷り込まれないか、気になるのですが…

『サザエさん』は反面教師

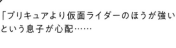

田中　ジェンダーギャップといえば、うちの子どもは昭和時代なテレビアニメが好きなので『ちびまる子ちゃん』からの流れで、『サザエさん』を絶対見るんです。

「母さん、新聞！」とフネさんに声をかける波平さんの様子を見て、私は長男に「新聞ぐらい自分で取ってくればいいのにね」と言うと、子どもは「そうだよね」って、納得する。そのぐらいから変えていくのでもいいと思います。社会全体を変えるには大変なパワーが必要ですから、小さなことから始めないと。

『サザエさん』を反面教師として使うことで、親は介入できます。よく「テレビが子どもたちに悪影響を与えたらどうしよう……」と言いますが、逆にそういうことからやっていけばいいと思います。

太田　いまだに、マスオさんと波平さんに対して、フネさんとサザエさんがご飯を作って、出しているんですよね。

田中　ノリスケさんが若い頃の話では「ノリスケはだらしないから早く結婚したほうがいいね」と言われていました。やっぱり夫婦になることで女性にお世話をしてもらうんだ……って。令和になってもその話ですから（笑）。そんな内容ばかりなので、ある種、面白いですよね。

ジェンダーの話に対して、何から始めていいかわからない人は、そういうことをきっかけにして「今どきこれは通じないよね」とか「お料理ぐらい自分でしてもいいんじゃないかな。どう思う？」という具合に、子どもと会話するのがいいと思います。

一応、フォローもしておくと、カツオくんが思いかけず少女マンガにハマったことを恥ずかしがって隠すという話があったのですが、それがバレた際に波平が「面白いものに男も女もないぞ」と言うシーンが出てきました。『サザエさん』でもジェンダーを意識し始めたのかもしれません。

アニメやマンガをきっかけに、子どもと一緒に話し合う

太田　実は講演会の時に、とても多い質問が「夫や親族など、マッチョな振る舞いをする大人について、子どもにはどのように説明すればいいですか？」ということなんです。ジェンダーバイアスのかかった表現に出くわした時、子どもにどう伝えたらいいのか？　と。

私は、アニメやマンガは気になる描写があるようなものでも制限していません。例えば、

マンガで男の子が「お風呂場が覗《のぞ》けてラッキー！ ウホーッ！（目が♡）」のようなギャグシーンがよくありますが、そういう時には「あのマンガはすごく面白いと思ってるし、読むのダメだとも言ってないし、いいところもいっぱいあると思うよ。だけど、こういうことが本当にあったとしたら女の人にはとても失礼だし、やってはいけないこと。それをギャグにして描く大人のことをママは怒っている。わかるかな？」という話を子どもに延々とします。

その話をすると、講演会では皆さん頷《うなず》きます。「具体的な言い回しの例を知りたかった」という方がとても多いのです。私自身も、他の人たちがどういうふうに子どもに話しているのかが知りたいです。見るのを禁止するのは非現実的ですし、見たうえで批判的に読解する力をつけさせることが大事だと思うので。ジェンダーバイアスがある社会でも工夫はできるはずなので、子どもと一緒に身につけていけばいいと思います。

田中　僕も太田さんの意見に賛成です。結論の押し付けはしない。率直に「自分はこう思う」ということを伝えたらどうかと。そうすれば大事なことは自分で考えるようになります。むしろ「子どもがこんな考えを持つようになったらどうしよう」と親が考えること自体、あまり良くないと思っています。どういう思想を持つか、親のコントロールの下に子どもがいるのではない。思春期になって自我が芽生えて独立していくわけです。親が「自分の思いどおりにいかなかった……がっかり」ではマズイ。自分の考えを伝えて、子どもがどう受け止めるか、です。

今、ネットで何もかも見ることができてしまうのは問題だと思います。無修正のアダルトコンテンツもスマホでも見られてしまう。ですが、その時に「ママやパパはこう思う」と言うことこそ大事なのです。

プリキュアは女だから？　でも最近は女性の仮面ライダーもいます

田中　うちの長男も、まだ「女性／男性」という区分で物事を見る傾向があります。やっぱり社会の価値観が染みついているみたいで……。

例えば、「プリキュアは女だから、仮面ライダーよりも弱い！」などと言うんです。「仮面ライダーのほうが男だから強くて、プリキュアになんか負けるわけないんだ！」と。

長男は、男のほうが女より強いことに、妙にこだわりを持ってしまっています。親としては、そうじゃない事例もあるということを丁寧に言い続けていくのが大事だと思っています。最近は、仮面ライダーにも女性がいますしね。

太田　私の息子たちは、年齢的に仮面ライダーは卒業していますが、先日、テレビのニュースで海外の政治家たちが集まる会議の模様が映り、日本からは真っ黒な服を着た男性ばかりがずらーっと並んでいるシーンがあったんですね。これを見て、私は意図的に息子たちにフィンランドの前首相やドイツの前首相など、数少ない女性リーダーの存在を教えるようにしました。今の日本を含めて、世界は不完全で公平ではないこと、でもそれは当たり前ではないということを、そのたびに言っていくしかないと。私たち大人が想像力をもって、「対等な社会はこうあるべきだ」ということを繰り返し話していくしかない。それはそれで大変なことですが。

田中　うちの長男は、どうしても比較がやめられないんです。テレビに映っていた子どものお絵描きを見て「あれ、上手いね」と僕が言うと、「いや、僕のほうが上手いよ!」と。テレビの子の話をしていただけなのに、長男は自分が劣っていると思われたくないんです。他人と比べて自分のほうが優れているとか、褒められたい感情がある。

「いやいや、あなたはあなたで上手いけども……。この子も素晴らしいと思うよ」とわかりやすく話をしているつもりなのですが、なかなかすぐには伝わらない。

太田　何か特効薬があるとか、この一言で決まるというものでもないですからね。

きっと子どもに伝わる瞬間がある。親はブレずに角度を変えながら話すことが大事

田中　いろんな言い方を試し続けたうえで、ある時、突然、言葉に機が熟し、長男が「腑《ふ》に落ちた！」と思う瞬間を待つ感じですね。

太田　息子さんが周りの人たちとマウントを取り合うのではなく、みんなそれぞれにいいところがあると理解してくれればいいですね。頂点に立つことを目指すのでなく、さまざまな個性を認め合うことが大事です。

田中　息子は、カッコいいことだけじゃなくて、可愛いものも好きなんです。でも結局、保育園の中では、可愛いものが好きな男の子は否定されがちです。そこで、ちょっと落ち込んでいた息子に、「でも、『カッコいい』も『可愛い』も好きなほうが、2倍得じゃ

ん！」と僕は話をしました。最近はそれをすごく納得してくれて。「そうだ。僕は2つとも好きだから2倍得だ！　そのほうが人生も楽しい！」と。

太田さんがさっき話されたように、「特効薬はないから、言い方を変える」、あるいは「同じことでも、いつも丁寧に説明する」ことで、子どもたちが納得してくれる瞬間はやってきます。

太田　親が焦らないことですよね。私も特効薬があれば知りたいです（笑）。いろんな角度から話す。その子の個性によって伝わりやすい言い方があるので、試行錯誤ですよね。親の中に、「将来、この子が対等な関係を築けるように」「ジェンダーバイアスで苦しまないように」という想いがあれば、思い切っていろいろ言えます。ブレずに、諦めないで、いろいろ試行錯誤すること。

私も、「今すぐには十分理解できなくても、いつか子どもに言葉が刺さってほしい。響いてほしい」と思いながら取り組んでいます（笑）。うちの子どもたちも、だいぶわかってきていて、特に長男は自分の言葉で弟に説明をしたがります。

先日、長男に「どうして女性差別があるの？　どうして女性のほうが劣ってることになったの？」と聞かれました。

「そうだよね、そこに合理的な理由なんかないということが大事だよね」と話したら、息子は「ずっと疑問だった。不思議だった」と言っていました。

「その疑問、忘れないでね。合理的理由なんかないのに、今なぜ性差別があるのかを考えようね」と言いました。

田中　なるほど。僕の子どもは太田さんの子どもと歳《とし》が離れていますが、お話を聞いていると子どもの質問のレベルも、時間とともに上がってくるのですね。適切な年齢で適切なことを感じる。今の長男の感覚は、まさに偏見からきているものかもしれません。理由はないけど、女性を劣っていると思い、偏見に基づいて差別している。だから「それって、おかしいよね」という話をしなければなりません。

イメージと実態の違いや、われわれ社会の思い込みについて説明するのは抽象的で難しい話だと思いますが、中学生でそれぐらいのレベルの話ができるなんて、とても意味のあることです。

その子なりの理解力のスピードもあるので、「この言葉がわかるかな?」と思うこともありますが、本当に諦めないことですよね。時が経って、やっと腑に落ちることもあると思います。焦らなくてもいい。だから、わが家も長期戦でいきます（笑）。

Q.4 私自身の知識が乏しいので、ジェンダーの問題を上手く説明できません。間違ったことを教えるのは良くないので、子どもに質問されても曖昧にしてしまいます。何かいい方法はないでしょうか？

子どもには「過ちの認め方を見せる」のが大事

太田　子どもに話すうえで、親の側が準備したり、調べたりすることも必要です。子どもは、いつ、どんな角度からボールを投げてくるかわからないので、答えられなかったらウヤムヤにせず、「すごく大事な質問をありがとう」「今は答えられないので少し考える時間をくれる？」のような返事をすることも大切だと思います。私にだって、その場では答えられないこともありますから。だから正直に、そう言います。ジェンダーやセクシュアリティの問題について、今どういう議論があるのか紹介し、それについて「ママはこう思う」「パパはこう思う」ということを話し合う。その流れで、子どもたちにも自分なりの意見を言ってもらえるといいですよね。

田中　間違ったことを言ってしまった時は、どうしていますか。

太田　むしろ、親が「過ちを積極的に認める」「過ちの認め方を見せる」というのが大事だと思っています。

私は親ですから、子どもから見れば当然「強者」。ですが、「強者」であっても間違う、ということを隠さずに見せる。「間違ってない！」と言い張るのではなく、「さっきママはこういうふうに言ったけど、少しイライラしていて言い方を間違えました。すみません」とか、「思い込みがあって間違っていました。今、調べたらこうだったから訂正します。ごめんなさい」など、理由も言います。

「間違っていたことを認めるやり方」のモデルを大人が示す必要があるのではないでしょうか。「『強い』と『間違わない』はイコールではない。間違ったことを認めることができるのも強さのひとつだ」みたいなことを、ささやかな日常の実践で伝えたと思っています。

そもそも、過ちを認めたり、謝罪するということが自分の何かを弱くする、みたいな思い込みがあって、それを認められない人が多い気がします。モデルがないと適切なアップデートの仕方ができないのか、あるいは、やはり若干、「男らしさ」への過剰なこだわりのようなものが関係しているのか……。

田中　以前「金メダルは噛んだけど、歯形はついてない！」とか言っていた市長もいました。過ちを認めたら死んじゃうの？　ぐらいでしたよね。

太田　過ちの認め方を一度も学んでこなかったのかな。「間違ってはいけない」「間違ったら死ぬ」みたいな……。

田中　特に年配の男性には、謝ることのできない人が多いですね。これまでの男社会の中で、謝ったら実質的に負け、過ちを認めないほうがゴリ押しで上に上がっていける――そんなワザが通用していたような気がします。本来は逆で、立場が上になればなるほど責任が重くなるので、過ちを認められるようにならないといけないんですけど……。そうなっていかない男社会の構造があります。女性も同等の立場で働く社会、外国人の方もセクシュアルマイノリティの方もいる社会の中では、急速に通用しなくなってきたやり方です。

太田　かえって脆弱《ぜいじゃく》なんですよね。

田中　もはやマズいと思います。「男の子は競争して勝たないと！」「社会的に成功しないと！」といった教育モデルに親が固執してきた結果でしょう。

謝れない男性たちだらけの社会を変えていこう

太田　私も子育ては日々失敗だらけですけど、うちの男の子たちは謝ることが身についているんです。大変な衝突をした後も、時間が経った後、素直に謝るので、へとへとになりつつも、「さっき自分は悪いことをしました」と認めることができるのはいいことだと思っています。

一方で、離婚裁判やハラスメント事案は、謝れない男性たちだらけです。裁判で負けて、「自分は妻に精神的DVを与えたつもりはなかったが、離婚しろという判決が出るなら認めざるをえない……」とか「セクハラだとは思わなかったが、結果的に俺が悪かったんだ……」と神妙な面持ちになる人を見たことがありません。逆に多いのが、「セクハラなんかしていない！　不当な判決だ」「妻が弁護士に洗脳されて離婚と言い出した。自分は加害者に仕立て上げられた」「妻は自分のことを誤解している。妻と直接話をさせろ」というような思考回路になってしまう人たちです。このこじれ方、今は慣れましたが、初めはびっくりしましたね。「裁判で勝っても、相手の認識と行動がここまで変わらないのであれば、社会的に解決といえるのだろうか」と考え込んだものです。

田中　以前は、「おじさん連中をどう変えるか」「うちの夫をどう変えるか」が課題でしたが、結局そこにはあまり希望が持てないので、「次世代に変えていこう！」というようにシフトしてきました。

変わろうとしている、そして、実際に変わり始めている中高年男性もいるわけで、もちろん頭ごなしに彼らを否定するつもりはありませんが、次世代をどうするかというところに考える価値があります。謝るということは、弱さではないということ。それを弱いと思う文化は変えていかなきゃいけない。単純にそう思います。

太田　強いことは悪いことではありませんが、その偏ったイメージをやめようということです。むしろ「過ちを認められる強さ」のような、強さの内実をアップデートしないと。

第3章

まずは女性差別があるという事実を知ることから「『女子枠』は男性差別だ」と考える男の子たちに対して、どう説明するべきか?

Q.5

ある大学の入学募集に「女子枠」が新設されたと聞きました。うちには高校生の息子がいるのですが、今の10代の男子たちは昭和のおじさんたちと違って、男女平等な感覚を持っていると思います。それなのに女子だけが優遇されるなんて、息子たちがちょっとかわいそう……。

競争がフェアに行われているかどうかが問題

太田　社会の構造的差別によって人種や性別で格差がある場合に、それを是正して平等を確保するための積極的措置のことを「アファーマティブ・アクション」と言います。例えば、あらかじめ組織の指導的地位における女性の人数、女性役員の割合を決めるクオータ制をはじめ、最近では、女性研究者が少ない分野の大学教員を女性に限定して公募するというニュースが話題になりました。とても大事なことだと思いますが、こういった取り組みについて、「それは男性差別じゃないか」「そこに進みたかった若い男性研究者の機会を奪ってもいいのか」と言う方がいます。

私自身、この問題は丁寧に、正確に説明をしたいと感じていますが、田中さんは学生の皆さんにどのように説明されていらっしゃるのでしょうか。

田中　はい。僕の勤めている女子大でも東京工業大学の「女子枠」についての議論をしました。

1年生や2年生の学生たちは、「それはおかしい」と思う子が多かったです。彼女たちは、競争というものが平等に行われていると思っているようです。男女は同じ試験を受けて競っており、合否はその競争の結果なのだから、フェアに受け止めなければならないと考えている様子でした。

ただ、僕がジェンダー研究をしている3年生のゼミで聞いてみたら、「女子枠賛成」の学生が多かった。

何が違うかといえば、「競争がフェアに行われていない」という事実を知っている人たちには「女子枠」が理解できるのですが、「競争は性別を問わず平等に行われている」と思っている人たちには「女子枠」に違和感があるのです。

社会に女性差別があるという認識がない人たちにとっては、あえて女性限定とすることが腑に落ちないのだろうというのが、大学で議論してみた時の結論です。

太田　「そこに女性差別がある」という事実を否定すること自体が、女性差別の一類型だと思うことがありますが、確かに、年齢が若かったり、社会経験が少ないと「それほど性差別はない」と感じる傾向にあるのかもしれませんね。

私も学生時代は環境に恵まれていたので、家庭面や教育面でジェンダーバイアスを理不尽に押し付けられる経験は少ないほうだったと思います。だから学生が性差別の存在についての理解が抽象的なのも理解できます。社会に出てからと比べると、学生時代は性差別に直面する機会は少ないと思いますから。

でも、就職活動で女性差別を体感したという女性は結構います。また、就職や仕事では壁にぶつからなくても、出産の壁は本当に高いと思います。幸か不幸か、自分事として体感する機会が乏しいまま暮らしてきた女性は、構造的性差別の問題に気づくのが遅くなるのです。

あまり性差別にピンときていなかった学生さんでも、理解するきっかけとなった統計データなどはあるものなのでしょうか。

田中　データというよりも、おそらく大学3年生になってジェンダー研究をしたくなる女子学生の意識なのだと思います。

僕が勤めている大学は女子大です。「ジェンダー」とタイトルに付いていなくても、教育社会学や文化人類学など、さまざまな科目の中でジェンダーの話をする機会がありま す。そういったことを学んでいく中で、教育社会学の視点で気づく学生もいるだろうし、文化人類学の時に理解する学生もいるだろうし、人によって腑に落ちるポイントが違うのだと思います。

だから、いろんなタイプの授業を受けていく中で、ジェンダーに触れる機会を増やすことが、おそらく大事なのではないでしょうか。やはり教育の効果は大きいと思います。ジェンダーの科目が一科目しかなく、男性教員がジェンダー問題を自粛していれば、学生の意識も変わらないでしょう。男性教員のすべてを否定するつもりはありませんが、そもそも教育者の中に女性がいるということ自体でも、十分価値があると思います。

太田　もちろんジェンダーギャップ指数を見てもわかりますが、難関大学や理系分野にいけばいくほど女子学生の比率が少ない。この問題を既に学生の時にわかっている人は鋭いと思います。

逆に、都立高校では男女同数の定員を優先したために、合格点が男女で違うという問題もありました。単純に点数順で合格させると、女子のほうが多くなってしまう。男女比を揃えるために、男の子であれば合格できた点数なのに、女の子では合格できないという事態が起こってしまったのです。男女同数にすることにどこまで意味があって、何の意味があるか。それがどこまで合理的なのか。

田中　都立高校については、ようやく2024年度の入試から見直されたようですね。

太田　はい。いずれにせよ、アファーマティブ・アクション的なことに取り組むと、すぐに「逆差別だ！」という話になるのは、やっぱり目の前の差別を理解していないからなんですよね。その差別でどれだけの人が不当に抑圧されてきたかの理解を拒否したがる人もいます。

それに対してデータや数字を示して説明することももちろん大事ですが、数字を見てもピンとこない人に対しては、何かで体感してもらうしかありません。そして、そういう機会の少ない子どもたちに対しては、想像力を広げてあげることが必要だと思います。

「社会全体がどうなるか」より「僕自身がどうなるか」が大事？

太田　幸い、うちの息子たちは今のところ、性別を問わず対等な関係性を作ってるほうだと思います。勉強ができる女の子を「あの子は頭がいいんだ」と素直にリスペクトしていますし。
ですが、「女子枠」的なことを今の男の子たちがすんなり受け入れられるような説明を今の大人は責任を持ってすべきだと思っています。

生きてきた年齢が短い人ほど「別に自分が社会を作ってきたわけではない。生まれた社会がもともと性差別だった」とか「それは年長男性たちのせいであって、どうしてわれわれ若い世代が割を食うのか」といった素朴な思いが出てくるのはわかります。

彼らに対して、スッキリ回答したいという思いがあります。

ひとつ思うのは、社会全体の多様化やジェンダー平等は、別に女性だけでなく、男性のためでもあるということです。社会が良くなることにより、あなたも利益を受けるという伝え方がありうると思っています。

でも、マクロな視点で社会全体を見ずに、「その公募には男性が応募できないですよね？」みたいなところだけを見てしまうのが問題だと思っています。「オレは別に性差別社会なんて作ってないけど？」と感じている人にも、やはり社会にある差別を是正する責任があるといってもいいと思います。どうなのでしょうか。

田中　ＮＨＫ放送文化研究所が『『社会』と『自分の生活』のどちらを優先するか？』という調査を行ったところ、若い人は「自分の生活」を優先する人が多く、その親たちもそうしてほしいと思う傾向にあるようです。自分優先だとしたら、やはり「女子枠」はすごく不公平に見えるのだと思います。〈社会全体がどうなるか〉より〈僕自身がどうなるか〉に焦点が当たってしまう。

そういう視野の狭い考え方が浸透しているので、社会の構造を変えようとしている時に〈それによって犠牲になる僕……〉のような考え方が出てくるのでしょう。

太田　本当にそうですよね。

「社会などというものは存在しない」というような新自由主義的な発想ですよね。専ら、自分の目の前のごく短期的な利益を優先しようという考えだと、そうなってしまうのでしょうね。

田中　そうですね。

太田　性差別の意識だけが問題なのではありません。

本来、社会が良くならなければ、結局は自分も一緒に転落してしまうと思うのですが、そこでなぜか自分だけが「勝ち抜ける」「勝ち抜こう」といった発想になってしまう。でも勝ち抜いて本当に成功する人は極めて少数。そんな超レアな成功者に向けて皆が走っていくなんて、とても不合理です。

「みんなで少しずつ良くしていこうよ」というほうが絶対に現実的で、99％の人のためになると私は確信しているのですが……。そこから始めるべきなんですよ、社会と個人の関係は。

海外との比較はよくわかりませんが、日本では社会に対する責任意識がどうしてこんなに低いのでしょう。投票率も低いし……。


田中　どうしてでしょうね。

でも、太田さんの先ほどの話が的を射ていると思います。短期的な利益。

例えば、高校生の場合なら「良い大学に受かること」が焦点にされてしまっているような気がします。もっと中長期的な視野が必要です。

ただ、一方で希望の芽がないわけでもない気がしていて。というのも、最近の高校生や大学生はＳＤＧｓに関心のある子が多い。そもそも個人主義に偏った情報が多い中で、逆に社会問題の話のほうが、彼らにとっては新鮮なトピックなのかもしれません。

太田　「そうか、そういうのもあるんだ！」みたいなことですね。

田中　そうです。ＳＤＧｓが「総合的な学習の時間」などでも議論されるようになってきたこと自体には希望があります。そして、当然その中にはジェンダーの問題も入ってきます。
あとは、それを担える教育者がいるのか、ということですね。

太田　今は過渡期なんでしょうね。まだ教育の現場では不十分なことがあるかもしれませんが、学び始めた今の世代が10年後、20年後には教育者になっていくわけです。そういった動きを加速化していきたいですよね。

男子トップ校が実践で教える「男性育休」授業や「赤ちゃん先生」が素晴らしい！

太田　教育者といえば、以前、対談させていただいた神戸の灘中学校・高等学校の片田孫《かただそん》朝日《あさひ》先生は、積極的に育休を取得されていたり、ご自分の赤ちゃんを抱いている姿を生徒に見せる授業もしているそうです。ジェンダーの話を男子中高生に意識的にするという取り組みは本当に素晴らしいですよね。赤ちゃんとお母さんを呼んで子どもたちに講義をしてもらう「赤ちゃん先生」というプログラムもあったそうです。1年や2年では芽が出ないかもしれませんが、5年、10年と先を見て、授業を受けた子どもたちが大人になって社会を変えていってほしい。

田中 朝日くんも僕と同じで、昔から男性学に取り組んでいて、その知識を中学・高校教育の現場で生かしているんです。

90年代に大学でジェンダー教育を受け、世に出てからそれを受け継いで、しっかりとジェンダーレス教育をつないでいると思いました。やはり、あの時代に、そういう教育を受けていたことは非常に意味があった。朝日くんの記事を読んだ時に実感しました。灘中、灘高は男子校なので、彼も男性のワーク・ライフ・バランスを大変意識して授業をされていると思うのですが、その内容を知ったら、必死に受験をさせたママたちは嫌になっちゃうかもしれませんね（笑）。

太田 どうなんでしょう。むしろ感激する親も結構今はいるかも？ 戸惑う親御さんがいたとしても「今は、ジェンダーの理解を深めることが、社会に出て行く前の重要な勉強だ」と学校が示すことは、親御さんたちに対する教育でもあり、メッセージになるのではないでしょうか。他の学校も、ぜひ片田先生のような授業をどんどん展開していってほしいと思います。

私は、男子校の先生たちから、「男子校はホモソーシャルの巣窟になってしまう」という話を聞いたことがあります。ですので、片田先生のような授業の取り組みは、とても大切ですよね。

教師の男性育休はなかなか少ないです。私が生徒の頃、育休を取得する男性の先生なんていませんでした。ましてや、赤ちゃんを抱きながら授業するなんて……。素敵です。インパクトもあるし、とてもいいことだと思います。

田中　働く大人の男性にも、実はさまざまなワーク・ライフ・バランスがあって、人によってはケア労働もしている。そんな様子を生で見られるようになったということは、少しずつ時代がいい方向に進んでいるのかもしれません。

Column

ジェンダーレス
KEY PERSON 1

灘中学校・
灘高等学校教諭・

片田孫朝日先生
INTERVIEW

片田《かただ》 孫《そん》 朝日《あさひ》先生

1976年、大阪市生まれ。母の旧姓をミドルネームにして、「片田 孫 朝日」と名乗る。京都大学文学研究科で男性学を研究し、博士学位を取得。看護学校や大学の非常勤講師を経て、2012年から灘中学校・高等学校で勤務。神戸市在住。男性のライフ・ワーク・バランスについて研究を続ける。一児の父。

”男子に育児を教えているのは、これからの「ライフ・ワーク・バランス」と男女平等を考えてほしいから“

まずは自分の人権を学ぶことから

私は灘中学で社会科の「公民」を、灘高校では「公共」を教えており、その中の経済・政治分野では多くの時間を割いて長時間労働や男女格差の問題を取り上げています。例えば、生徒には、「医師になりたい」と考える子もいます。しかし、病院の勤務医は非常に厳しい労働条件で働いている場合が多く、過労死も起きています。若い医師たちはストレスや睡眠不足に悩み、死にたいという希死念慮を持つ人もめずらしくありません。医師は大変やりがいのある良い仕事ですが、日本の多くの医師は自分の健康や家庭生活を犠牲にして働いています。

そこで2023年から、「すべての勤務医に人間らしい生活を」と掲げる勤務医の労働組合の代表を授業に招き、医師の働き方について講演をしていただいています。「安くてよい医療」の背後で、医師や看護師がどういう働き方をし、何を考えているのか、生徒に関心を持ってほしいですし、労働者が自らの人権を守るために声を上げていくことができることを知ってほしいと思っています。

灘中高は男子校なので、男性労働者がどういう環境で働いているかをまず知ることから始めます。そして、この男性の仕事中心の生活は、女性が家事・育児を一手に担う性別役割分業の家庭を前提にしたものであることへと、授業は進んでいきます。

現代の日本では、多くの人が「お金さえ稼げればよい」とは考えなくなりました。横浜市の中学2年生570人を対象に、将来の理想の生活を尋ねた最近の調査でも、「仕事を中心とした生活がしたい」と答えた中学生は、男女ともに20%を下回っています。半数以上の男女が「仕事も、家事も育児も、趣味もすべて行うような生活」を望んでいます。子どもたちも仕事だけの生活を求めてはおらず、灘校生にも同じ傾向を感じます。

それでも、生徒が人権について学ぶ時に、いきなり労働の問題からでは難しいですよね。中学の公民で最初に人権について取り上げる時には、まず身近な話題から入ります。例えば、「休み時間に教室で友達が笑いながら自分のペンを取って逃げる」「ふざけてパンチをしてくる」といった男子あるあるの場面。冗談で遊びのつもりだろうけど、そういう場面で嫌だなと感じたら、自分はどう行動するだろう、またできるだろうかを考えてもらいます。イライラやうんざり、悲しいなど自分の気持ちを大切にしたらよいことを伝え、攻撃以外の対処の方法を提案しています。

同時に、同意なく他の人の所有物や体に触る行動の問題について注意を促します。生徒から「相手の許可を取ってからペンを取って逃げるのでは面白くない」という意見も出ますが(笑)、「人が嫌がるかもしれないことまでして、面白いことをする理由はないはずでは」と返すと、問題を理解し、行動を変える生徒がいます。「先生の授業のおかげで、後ろからパンチがなくなりました」と教えてくれた生徒もいます。互いの人権(安心と自由)の尊重と同意の重要性は、高校生になった時に扱う性的同意の話につながります。

私が子どもの頃は、家庭や学校での体罰がまだ当たり前でした。現在では、大人が子どもを殴ったりする暴力が減り、家庭や学校で子どもの気持ちがより尊重されるようになっています。子どもの人権尊重は、時代の大きな流れです。その中で、自分も他人を傷つけたくないと思う優しい男の子が増えました。「攻撃的・侵害的な男の子文化は要注意」という問題提起が、生徒に伝わりやすくなっていると感じています。

育児の大変さと喜び――それを同時に男子生徒に伝える

私は目の前にいる男子生徒たちの人権が守られ、より豊かに生きられる社会を望んでいます。同時に生徒には、男性が特権的な地位にいることを知り、女性の人権と男女平等にも関心を持ってほしいと思っています。灘校生は、親の所得の点では裕福で恵まれた家庭の子どもが多いのですが、このような家庭環境や性別による自分の立場の優位性を客観的に知り、これを特権と責任という言葉で自覚してもらう教育に最近取り組んでいます。

私が授業でよく用いるグラフ(グラフ①・年齢別の課長以上割合の男女格差)は、性別により出世が大きく異なることを明確に示しています。「ゲタを履かせる」という表現がありますが、男性はゲタどころかハイヒールを履いているような状況です。しかし、社会に出ればその問題や要因がわかるかといったら、わからないままです。ですので、データや図、印象的な映像や講演などによって、男女が不平等だということを早いうちから考えられる機会を提供することが必要です。

自分が優位な立場にいることを知らないと、子どもたちは自分の経験だけに基づいて、他人を傷つける差別的な発言をしたり、将来社会に悪影響を及ぼしたりする可能性もあります。

男女格差を生み出す要因の一つは、誰が家庭で家事・育児や介護を担うのか、また担うと考えられ

グラフ① 課長以上割合の大卒・高卒別男女格差

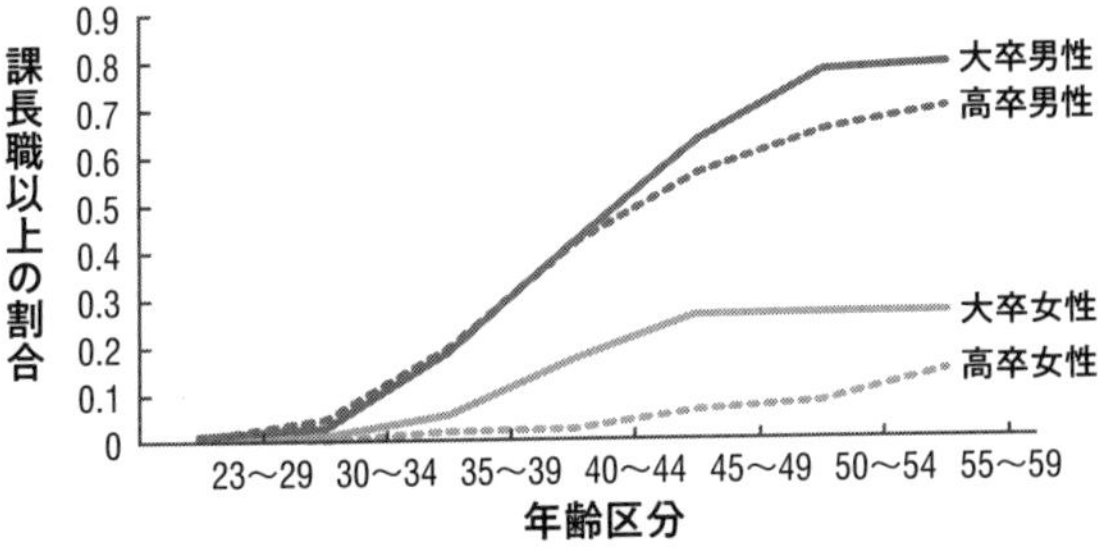

＊『働き方の男女不平等：理論と実証分析』山口一男／2017年より。

2009年、1677企業に勤めるホワイトカラーの正社員（男性6480人、女性3023人）を対象にした調査結果の分析。性別が出世を決める社会、性差別社会の現状を表している。

ているかという性別役割分業です。

公民科と家庭科の授業の一環で、高校1年生に「赤ちゃん先生」という授業を行っています。もう10年ほど続けています。もともとはNPO法人「ママの働き方応援隊」による、育児で社会から切り離された女性が社会的役割を果たすために始めた活動ですが、男子生徒が育児について学び、責任感を持つことを重視しています。

授業では、たくさんのお母さんとその赤ちゃんに学校にお越しいただき、お母さんから出産や育児の話を聞き、外に出てベビーカーを押して歩いたり、赤ちゃんを抱かせてもらったりしています。生徒たちから大変人気のある授業です。

灘校に子どもを通わせるお母さんの中には、「夫はとても高収入だけれども、育児は私ひとりのワンオペだったので、子どもの手を離して30分だけ髪を切りに行くことさえ難しかった」という方がおられました。父親が半分は育児を担うつもりで取り組まないと、母親の自由などありません。

前回の「赤ちゃん先生」の授業の後に、「赤ちゃんは何もしていなくても、みんなから愛

「赤ちゃん先生」の授業では、ママディレクターたちが自分の赤ちゃんを連れてきて出産や育児について語る。

されるからいいな」と感想に書いた生徒がいました。心がほどける瞬間です。「そうなんだ。生まれてきた時は、存在するだけでいいんだ」と気づかされます。勉強ができる、収入がある、スポーツができるといった能力主義的な社会とは関係なく、存在を肯定する——まさに「人権」です。

私自身も、自分の赤ちゃんを抱きながら「娘が生まれて8カ月」というタイトルで授業をしました。私は育休と時短勤務を合わせて7カ月取得したのですが、時短勤務の時に、娘を一緒に連れていき、抱っこしながら授業をしたのです。私が泣く子をあやしている様子も見せましたが、やはり実際に見てもらうと説得力がありますよね。赤ちゃんは「生き物」という感じで、本能のままに生きています。生徒たちには「男だから子育てに不向きなんてことはない」と自分の経験から話しました。子育てを始める前に、同僚の先生から「おっぱいには絶対負ける（子どもは必ずお母さんになつく）」と言われていましたが、私の場合特にそんなことはありませんでした。妻が母乳で育てている時期もありましたが、すぐに離乳食が始まりますよね。添い寝をして、

ご自身のお子さんを抱っこしながら授業を行う片田孫朝日先生。

遊び相手をして、休まずに子守をして、食事を作って与えて、お風呂に入って……どう一緒に過ごすかのほうが大事なように思います。

私の家庭は、フルタイムで働く妻のほうが私よりも帰宅時間が遅いため、私のほうが娘と接している時間が長くなっています。そのせいもあり、娘が「ママがいい」と言って困ったことはありません。生徒にそういう話をすると、自分も「パパがいい」を目指したいと言う生徒がいます（笑）。

家庭での育児や介護は、対価を得られないだけでなく孤立しやすい労働です。妻がフルタイムで働いていて、私が朝からひとりでずっと赤ちゃんと家にいた時は本当に大変でした。拘束感が強く、とてもつらかった。

ただ、大変さだけでなく充実感や喜びがあります。今日も私が、娘の保育園に迎えにいき、夕食を作ります。親であるということは、人生の中でお金を稼ぐだけではなく、子どもと関わりながら生きることです。

灘高生にも、育児や家事など家庭科で学ぶことを大事にしてほしいと思っています。報酬が得られない労働だとしても、そこには、これまで男性が味わったことのない豊かさや喜びがあるのですから。

授業で、このような男女平等とジェンダーについて教えることが難しいと思ったことはありません。大きな反発はなく、反応もいいです。育児や介護などのケア労働に敬意がはらわれ、ケアを担う人が不利にならない社会を目指したいですね。

これからの豊かさのためのライフ・ワーク・バランス

育児のことを話しましたが、私は男女が結婚すべきだとか、子どもをもつべきだと思っているわけではありません。独身の人を含めた「ライフ・ワーク・バランス」が、これからの日本の豊かさを考えるうえで鍵となると思っています。一般的には「ワーク・ライフ・バランス」と言われていますが、「ライフ」を先にするほうがよいと思います。男性も夕方には仕事を終え、子どもがいなければ自分の趣味に没頭したらいい。仕事をするだけではなく、家族と過ごしたり、旅行をしたり、ボランティアや草野球を楽しんだり……リフレッシュしながら、その人にとって有意義な人生を送ることが大切です。

灘校では、教職員のためのよい労働環境が守られてきました。このため、音楽の先生は休日に演奏会に頻繁に出演されています。また、国語の先生の一人は、中学生の頃から能を習われており、その舞台を京都に観に行ったことがあります。前教頭はジャズが好きで、平日の夜に三宮でジャズのセッションを主催し、私もそこに誘ってもらいジャズを聴くようになりました。私は子どもが生まれる前には、障がい者が暮らすグループホームで泊まりの介助をしていたのですが、もう少し子どもが大きくなったらそれを再開するつもりです。大人が遊びを楽しみ、地域でボランティアやケアを担い、文化を創る姿を子どもにも見せられたらよいし、それにはお金だけでなく時間が必要です。

ドイツやフランスなどヨーロッパでは、夏に有給休暇をかためて2～3週間のバカンスを取り、家族や友人と過ごします。それが、自由で豊かな社会を築いてきたヨーロッパが目指してきた姿です。そんな海外の事情を伝えると、子どもたちは「生まれる国を間違えた」と言います。日本の電車には、長い通勤時間で朝から疲れている大人たち。灘高生でも1時間以上かけて通学している子は珍しくありません。

中高生から忙しくて厳しい現実が続きますが、その状況を改善するのはわれわれ大人です。労働基準法に定められている1日8時間労働が守られ、有給や時短勤務が利用しやすくなれば、大きく社会は変わります。正規と非正規の区別をなくし、同一労働同一賃金にして、男性も女性も生活事情にあわせて働けるようにしていく必要があります。

仕事中心の生き方を望ましいと考える仕事志向の男性は、バブル期にかけて急激に減少しました(グラフ②：男性の仕事／余暇志向)。経済成長によって物質的に豊かになったため、心の豊かさや余裕ある生活を重視する人が全年齢層で増えたのです。

生活のためにお金は必要ですが、家族団らんや友達との会合、休養や趣味に充足感を感じる男性が増えました。時間の価値が高まっています。親よりも高所得の仕事に就ける可能性も減りました。「定常型社会」という表現がありますが、これは社会が経済成長を終えて安定期に入ったことを指し、そこでは仕事の価値が下がる傾向にあるのです。そして多くの人々が「仕事から早く帰りたい」と思うようになります。この傾向をもとに戻すことは困難です。私たちは、この物質的に豊かな社会の意識変化を踏まえ、自分だけでなくみんなの生活を支える仕組みを考え、自由で男女平等な社会を創っていける時代を迎えているはずだと思っています。

グラフ②　男性の仕事／余暇志向（20代-50代）

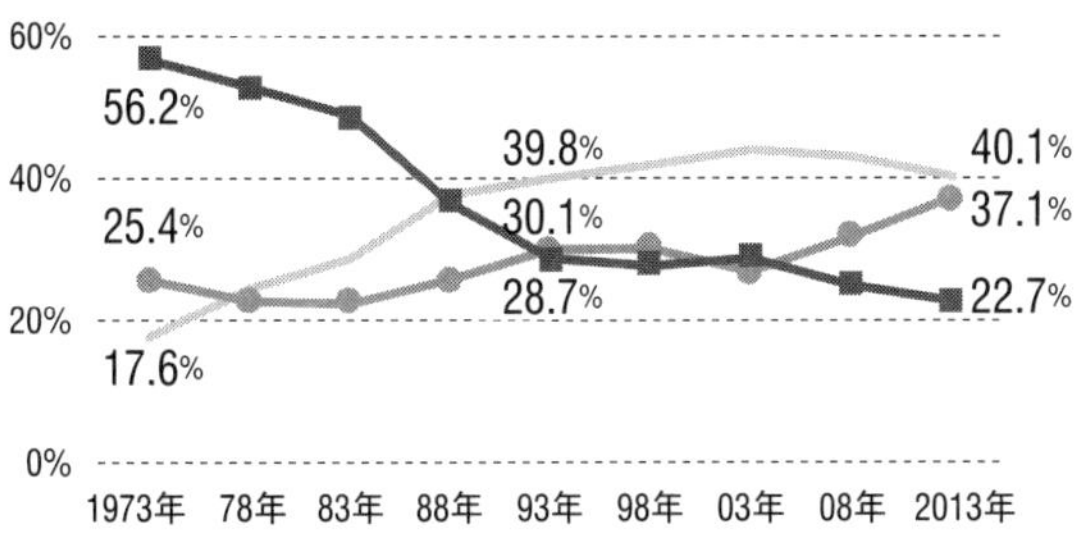

＊『男性の仕事志向の低下ー1970年代から2010年代までの長期推移の分析』片田孫朝日、伊達平和（滋賀大学データサイエンス教育研究センター准教授）／2023年より。

NHK放送文化研究所が実施している「日本人の意識調査」のデータから作成。論文をhttps://sites.google.com/view/asahisongkatadaで公開。

教育には希望が必要だと思います。若い人たちに対して「未来にはこういう国を作っていきたいね。目指すべきは、すべての人のもう少し豊かな暮らし。お金を稼ぐことだけが人間の生きがいではないよ」と語っていきたいです。私たちは「自由」という価値を追求してきました。「自由」とは、生産性が高まり物質的に豊かになった結果、ケア労働がより尊重され、生活の幅が広がることを意味するはずです。

学校の現場で、もっとジェンダー教育を充実させていきたい

男子校ではジェンダーバイアスが身につきやすいと言われることがありますが、確かに男性だけで集まって何かをする中で、そうなりがちなのかもしれません。

例えば、日本では経済界における女性リーダーの割合が低いというデータを見せて、「どうしてだと思う?」と問うと、周囲へのウケ狙いで「女性の能力が低いからじゃないですか」という回答をする生徒もいます。場を盛り上げようとする男子校のノリですが、そんな時に教員がしっかりとジェンダーの問題意識と知識を持っていないと、差別的な発言にも対応できません。

2022年に、他校の先生たちとジェンダー教育研究会を始めました。私立・公立を問わ

ず、全国の小中高の教員に呼びかけて、オンラインで勉強会を開いています（ホームページ　https://sites.google.com/view/gender-education）。

ジェンダー教育は学校教育のカリキュラムに含まれておらず、問題意識を持つ先生が自発的に行っているのが現状です。そこで、お互いの取り組みを発表したり、お勧めの本や映画の紹介を行ったりする交流の場を作り、勉強していけたらよいと思っています。私自身も、新しいことを学び、迷いながら、励まされながら、授業に取り組んでいます。これからは、もっともっと学校教育のカリキュラム自体が変わっていかなければならないと感じています。

第4章

男の子の性とプライバシーが軽視されている
子ども部屋に鍵は必要ですか？

Q.6

小6の息子がiPadで「えろあにめ」と検索しているのを発見してしまいました……。親としてどう対処したらいいのでしょうか？

「アダルト動画を観たでしょ?」とは言わないで

太田　ベッドの下にエロ本を隠すのではなくて、検索というところが今どきですよね。私には今のところ具体的なエピソードはないのです。私が気づいてないだけかもしれませんね。でも、もし発見したら、それは彼のプライバシーだと思って、たぶん何も触れないと思います。

子どものそんな様子を見るのは、実際のところちょっと動揺するでしょうし、女の人が嫌がっているような内容のポルノを観ているのだとしたら、そのコンテンツ自体にいい気分はしないです。

それでも、「いやらしいものを観てなかった?」と直接指摘することは良くないと思う。私の場合、息子たちは性教育の本を読んでくれていたので、「基本はわかってくれているだろう」という信頼感がある。だから、それについては特に触れず、いつものように、性教育の題材になりそうなものを見つけたら、それを勧めたりすると思います。今までも性教育の本を勧めてきたからこそ、自分にはそう思える余裕があるのかも。

ある程度は理解していると思いますので、子どものほうから相談されなければ、気づいても「そういうものに興味を持つこともあるだろう……」と流しますね。ただ、子どもがかなり低年齢でメディアリテラシーに不安を感じるような時には、しっかりと時間を取って話す必要があるかもしれません。

「ママね、たまたま気づいちゃったから話すんだけど……」という感じで。

どのように話すかは、その子どもの年齢や理解度次第です。

田中　僕だったら「お前が観てたのを知ってるよ」と言われるのは耐えられないです。もう何も話を聞きたくないと思ってしまいます（笑）。

逆に、子どもがそういう年齢になった時に伝えないといけないと思うのは、ポルノやアダルト動画で描かれているものは「勃起、挿入、射精」というひとつのパターンだけだということ。男の人が勃起して、女の人に挿入して、射精に至ったら終わり。それがセックスだ、という刷り込みは、男性本位的でもあるし、他のパターンを認めていない。

男性だからといって、いつも勃起して射精するわけではないのに、そこまで行きつかなかったら自尊心が傷つく男もいるわけです。「今日、オレは勃《た》たなかった……」と。今の子は、モザイクがかかっていないものも見てしまうので、アダルト動画の性器の様子と比べて「自分のちんちんはおかしいんじゃないか?」などと悩んでしまう恐れだってあります。
だから、既に子どもが観ているかどうかに限らず、「アダルト動画はセックスについてひとつのパターンしか描いていないフィクション性の高いもの」と話しておく必要性があると思います。どこかの段階で話しておくべきです。

太田　「観ていたのを知ってるよ」と子どもに言っていい場面というのは、かなり限られているのではないでしょうか。よっぽど子どもが低年齢だとか、その後の言動に不安を感じる時など、大人として説明を補わないといけない場合だけだと思います。

Q.7　息子が自分の部屋に「鍵をつけてほしい」と言い出しました。でも、鍵をかけられると中で何をしているかわからなくなるので私は反対です。私の考えは間違っているでしょうか?

親が子ども部屋を捜索するようなことはNG

田中　太田さんの家では、子ども部屋に鍵はありますか？「鍵をつけると悪いことをするから」と言って嫌がる親も多いようですが、僕は子ども部屋に鍵をつけないことに大反対なんです。鍵がかからないと、子どもは「親にバレないように、どうしようか」となるので、以前よりいろいろなものを見えなくしていくだけじゃないか、と。それなら鍵だけで済んだほうがいいと僕は思っています。

太田　うちはマンションなので、長男の部屋にはもともと鍵がついていたのですが、兄弟げんかで鍵をかけたドアをガチャガチャと引っ張り合っていたのを見かねて、私が鍵を外しちゃったことがあります（笑）。あのままだと鍵ごとドアが壊れそうだったので。でも、これから家を作るとしたら鍵はたぶんつけますね。子どもにもプライバシーは必要だと思うので。プライバシーへの配慮という意味で、普段、鍵がなくてもノックはするようにしています。勉強しているかどうかは気になりますが、息子の部屋をくまなくチェックしようという発想はありません。

田中　僕が子どもの頃、母親は基本的に家にいたのですが、意味もなく部屋に入ってきたり、部屋を捜索した跡があったりして、とても嫌でした。そういうこと自体がナシだと思います。いつまでも自分がコントロールできる範囲内にいてほしいということですから。結局、子どもはそこから飛び出していくものです。

Q.8 うちの息子は学校や外でトイレを使うのが苦手です。またプールの授業も理由をつけて休もうとします。他の子と同じ空間で用を足したり、上半身を露出したりすることに抵抗があるようです。男の子なのに、ちょっと神経質すぎると思うのですが、どうしたらいいでしょうか?

男子トイレには問題がいっぱい!

太田　男子トイレの話なんですが、私が小学校の時、同級生の男子が「女はいいよな〜」と言っていました。どうしてかというと、「トイレに入ったら、大をしているか、小をしているか、わからないから」って。当時、子どもだった私は爆笑してしまいました。「え

～っ！」みたいな感じで。私はそんなこと知らなかったので、家に帰って妹とか母に「男の子ってさ、ウンチか、オシッコか、わかっちゃうんだって～」と笑って話すほどだったんです。今でもとても覚えているのですが、笑いながらも、実は笑っていいことかどうか引っかかり続けてきたのかも。本当は全く笑いごとではないですよね。

男の子は個室に入ってウンチをするとからかわれることもあるようですし、それ以前に、男性の小用の便器というのは、とてもプライバシーがない空間だと思います。

次男が小4の時、大きな公園に遊びに行った時に、トイレを使おうと思ったら目隠しがあまりにも少なかった。外から丸見えとは言わないけど、結構、見えやすい作りのトイレだったんです。結局、息子は「僕、ここヤダ……」と言って出てきちゃった。確かにデリカシーのないトイレでした。

既に多くの男性は、トイレはそういうものだと思っているから、慣れてるし、気にしない。そんなトイレを嫌がる子どもに対して、親は「それはね。男の人はそういうことを気にしないことになっているんだよ」と言うことでいいのでしょうか。それが当たり前でいいのか。そういう社会でいいのか。

田中　男子便所の小便器は、横を見たら、他人の性器が見えちゃうんです。

僕は小さい頃から男子便所がイヤだったんですけど、それを伝えると周りからは「気にしすぎ。そんなに気にする問題じゃない」と言われました。

加えて、「自分の性器が変なの?」とか、「お前、人に見せられないような性器なの?」みたいなことまで言われるんですよね。そうじゃない。単純に自分のからだの性器の部分がさらされていることがイヤなんです。

あとは混んでいるトイレ。例えば野球場のトイレの小便器で用を足していると、すぐ真後ろにピッタリと人が並ぶんですよ。イヤで、イヤで……。全然落ち着いてできない。

それが当たり前だったからとはいえ、多くの人が違和感を持っていないことが問題だと思います。

男子の水着も上半身裸はおかしい!

太田 トイレがそんな様子だなんて、やっぱり、おかしいと思うんです。
他人の性器を見ようと思えば見える状況というのは、尊重がないことだと思うんです……。女性同士でそんなことがあったら大変……と思うことが、男性の場合は問題ないとされているわけじゃないですか。「男は平気」「男は気にしない」、と。でも本当にそうなのでしょうか。プライバシーとか、性的な尊厳とか。男の子は明らかに雑に扱われてると思います。

あとは水着ですね。以前、ある講演の時に会場内で質問を募ったところ、30歳前後の男性が言いました。

「男の子の水着は上半身裸なんですけど、それがすごくイヤだった、でもそれを言いづらかったということを覚えていて……」と。

そのことを別の講演で紹介したら、参加者の女性が「今まさに、うちの小学生の息子がそれと同じことを言っています」と。

最近は、ラッシュガードを着てもいい小学校が増えたようですね。うちの息子も「ラッシュガードがほしい」と言い出したので購入しました。いいことかもしれません。

田中　ただ、最近の話に関しては上半身裸が良くないというよりも、日焼け防止といった理由が大きいのかもしれません。

太田　私の知り合いのお子さんのクラスでは、みんなラッシュガードを着ないんですって。

「みんなが着ていない中で、自分だけ着るのもイヤなんです」ということでした。個別に相談をして学校にラッシュガードの着用許可を取ることもできるのでしょうが、日焼け防止だけの問題ではないと思います。嫌がらない子にも全員ラッシュガードを着せるべきというつもりはありませんが、違和感を持っている男の子の気持ちが尊重されていないし、その違和感を表明しづらい空気があるんですよね。自分が尊重されないと、他者への尊重についても学びづらい。とても気になることです。

田中 アメリカのジャーナリスト、エマ・ブラウンが『男子という闇　少年をいかに性暴力から守るか』（原題：To Raise a Boy　山岡希美・訳／明石書店）の中で、「男の子たちのからだも尊厳と敬意を持って扱われるべきで、そうした経験があれば、他人のからだに対して尊厳と敬意を感じられるようになるのではないか」と問題提起しています。性別や性的指向を問わず、誰もが自分、そして、他人のからだを大切に思える世の中にしていきたいですね。

同じことが女子だったらどう思うか？　という視点が大事です。女子の上半身が裸だったら、みんな違和感を抱くわけじゃないですか。女子トイレの便器が、ドアもなく周りから丸見えだったら「ありえない！」というふうになりますよね。

逆だったらどうかと思えば答えは簡単。男性のからだや性だって、もっと尊ばれるべきです。なかなか大人はそこまで想像が及ばない。

「男の子の性」が雑に扱われているんです。

男の子だってお風呂でプライベートゾーンを隠すことは大切

太田　同じような話ですが、小学校の修学旅行で一緒のお風呂に入る時に、最近の男の子たちは、タオルで前を隠して、洗う時だけパッと脱いで外して、すぐにまたタオルで隠して出ていくような感じだとか。「タオルで隠さずに堂々と入るのが男だ！」みたいな空気感ではないんだなと。

男性同士でも、お互いのプライベートゾーンを尊重することは大切だと思います。「じろじろ見たりしないんだよ」と。

田中　はい。股間を隠すようになった風潮はシンプルにいい話だと思います。男の子でも隠して守る配慮が必要です。小学校高学年でそれができているようだったら、とてもいい話です。

太田 偶然、ちらっと見えるのはしょうがないでしょうが、それ以前に適切な距離感を持つことが大事なのではないでしょうか。

田中 からだが発達する期間ですから、他が気になってしまうのは仕方がないとは思いますが、やっぱりお互いに配慮し合うべきですね。

太田 気になっていることを、言葉や行動でどう表すかですよね。例えば「お前、毛が生えてるじゃん!」とか言わずに、心に留めておけばいいだけです。

それでも男子の間のいじめとして、パンツをおろすようなことがいまだにあります。なぜそういうことをしてはいけないのかしっかり教えないといけないのですが、できてないですよね。ちゃんとした性教育は必要ですよね。いつもここに戻ってきてしまいますが……。

Column

"日常に埋もれている
小さな違和感をスルーしないこと。
そのためには情報が欠かせません"

ジェンダーレス
KEY PERSON 2

アメリカでの男子問題を浮き彫りにした
エマ・ブラウンの『男子という闇』

翻訳者・山岡希美さん INTERVIEW

山岡《やまおか》 希美《きみ》さん

翻訳家。16歳まで米国カリフォルニア州で生活。大学入学時に帰国し、同志社大学心理学部卒。再び渡米し、5年後に帰国。現在は会社員として働く。訳書に『男子という闇』(明石書店、2021年)、『無意識のバイアス』(明石書店、2020年)。共訳に『リモートワーク』(明石書店、2020年)、『教えて! 哲学者たち』(全2巻、大月書店、2016年)などがある。

エマ・ブラウン著
『男子という闇 ── 少年をいかに性暴力から守るか』
(明石書店)

著者のエマ・ブラウン氏は自然保護官、中学校教師を経て、ワシントン・ポスト紙の調査報道記者になる。全米各地で研究者、学校関係者や親子など数百名に聞き取りを行い男子の性加害・被害実態を調査。男子大学生の22%が入学前に性暴力を振るった経験を持つ国の、語られざる物語を紡ぐ。「男らしさ」の常識に挑み、あるべき性教育を模索する、この時代の必読書。

アメリカに比べると、やはり日本の男の子は幼いと感じていた

エマ・ブラウンの『男子という闇』の翻訳を手がけることになってから、アメリカのいじめ問題や、男子が被害に遭った事件の記事など、多くのリサーチをしました。その前から深く勉強していたわけではなく、依頼を受けてから調査を始め、自身の記憶を呼び起こしながら訳していきました。以前からさまざまなトピックに対して「それはどうなっているのか。本当はどういう状況だったのか、現状はどうなのか？」といった探求心が強かったので、リサーチを通じて知識が深まったと感じています。翻訳には半年ほどかかりましたが、やはりどれだけリサーチできるかが翻訳の鍵だと思っています。

それと、日本語で出版するからには現代の日本の状況を考慮に入れて訳すことが重要で、そうしなければ、現代の人々には理解されず、次世代にも伝わりません。そういう意味で、昔から感じていた日本社会の違和感や、アメリカと日本の違いといったものについて改めて考える機会を提供してくれる本でした。

私が16歳まで生活していたカリフォルニアの男の子たちは、日本とは違って、中学生ぐらいの頃からカミングアウトしている子も多く、多様性の面で進んでいました。それほど恥

ずかしがることなく、オープンにできる環境だったのだと思います。

アメリカの学校で使用する教材は、子ども向けであるとはいえ、大人びた内容が多く、重い題材も扱っています。私自身、小学校の高学年の時には、薬物や銃のリスクについて、警察官がわざわざ学校に来て講義を行っていました。妊娠や出産とはどういうものか、ビデオでリアルに見せられたこともあります。私が住んでいた地域は比較的平和でしたが、アメリカ社会が直面しているさまざまな問題について、子どもたちに早くから教えるのです。

親戚が日本に住んでいたため、私も日本には年に1回ぐらいのペースで帰ってきていたのですが、アメリカと比べると、やはり日本の男の子のほうが幼い感じがありました。例えば好きな女の子をいじめたりするような小学生的なノリが中学生にも見受けられました。また、性に関する話題がタブー視される一方で、笑いのネタにされていたりすることにも驚きました。

また「強い男らしさ」を美徳とする風潮は、まだアメリカにも根付いていますが、日本ではそれがより顕著だと思います。二十数年前、私を連れて両親がカリフォルニアに移住した時のエピソードがあります。当時はお金がなくて、シェアハウスで共同生活をしていたのですが、いつも母がひとりでご飯の用意や片付けをしているのを見て、同じハウスのアメリカ人が父に「何で君は手伝わないのか？」と言っていたそうです。既にその時代のアメリカは共働きが当たり前の社会。妻だけ家事をすることが日本に比べると少なかったのかもしれません。

その後、「男はこうあるべき」という父の考え方も幾分変わりましたが、現在、日本で暮らしている私には、まだまだジェンダーレスが進まない社会に息苦しさを感じることがあります。グローバルな視野を取り入れず、日本のみの狭い価値観や思考にとらわれ、他文化を取り入れるのに慣れていない方が多く、そういった考え方の人には居心地悪さや違和感がありますが、むしろ、その違和感に気づくことが大事だと思っています。

当たり前とされているようなことにも違和感を持つことが大事

先日、今の職場で印象深い出来事がありました。

国際女性デーの日に、「なぜこのような日にだけ、女性が取り上げられるのだろう。それは逆差別ではないか？」という疑問を投げかける女性社員がいたのですが、それに対して別の女性が、「まだまだ日本は性差別が激しい国。ジェンダーギャップ指数も低く、男性に比べて女性の管理職が少ない状況を改善するために、このような日を設けて注目を集め、それを認識することで改善しようという意識が広まるのでは？」と反論していました。その説明に周囲は納得していました。

他にも、例えば「女性専用車両は、なぜ女性だけのものなのか」という違和感に気づくのは、なかなか難しいもの。既に、日々の生活の中で当たり前の風景になってしまっているからです。違和感に気づくためには、何かしらのきっかけが必要です。そのためには情報の収集・発信が大切だと理解しました。そういったテーマの本や関連記事を読むことだけでも、気づきは増えていきます。

ただ単に「男女平等」ということだけであれば誰でも簡単に言えますが、それを実現するためには何が必要なのか。それは男性に対しても同様です。男性の性被害者だって決して少なくない。そういった問題を取り上げて、社会に広く知らせて理解を得ることで改善しなければならない。私もエマ・ブラウンの『男子という闇』を読むまでは、自分が多様性のわかる人間だと勝手に思い込んでいましたが、まだまだ気づけていないことがあったのだと感じることができました。

今から15年ほど前、日本に帰国していた学生時代に、友人の男性が痴漢に遭った話を自慢げにしていたのですが、私も含めて周りの人たちはそれを違和感なく聞いていました。まるで武勇伝かのように語る男性と、それを笑い話として聞き入れる私たち。女性が痴漢に遭った場合は被害として認識されるのに、男性の場合は、むしろ喜ばしくてラッキーなことのように受け止められて、被害として認知されにくかった。

それに対して違和感を持つようになったのは、この本に関わってからです。「あの時の話って、やっぱりおかしいことなんだ」と思うようになりました。

ただ、この男性は、被害だという認識がなかったから痴漢されたことを周囲に言えたのかもしれません。問題なのは誰にも言えない状況です。

エマ・ブラウンの本に出てくるエピソードでいちばん衝撃的なのが、あるハイスクールのアメフト部の事件です。肛門にホウキを入れられ睾丸を握りつぶされたにもかかわらず、いじめの被害を受けた少年は、それを親にも打ち明けられなかった……。

「なぜ、彼は表現できなくなってしまったのだろうか」

「なぜ、話しにくい状況になってしまったのだろうか」

大切なのは、大人がそのような違和感に気づかなければならないということです。男の子だからツラいのは仕方がないと簡単に済ませてしまうのではなく、考え始めることで状況は変わっていくと思います。

旧ジャニーズ事務所の一連の問題だって同じです。実際にそれを口にするのが難しい、言えない、誰に告げればいいかもわからないという状態だった被害者がかなり多くいたのではないでしょうか。昔から声を上げていた方はいましたが、明るみになったのは令和の時代になってから。海外メディアに注目されて、日本が焦り始めたのではないかという気もします。

世の中では当たり前となっていることでも、その違和感に気づき、そして思考を放棄しないこと。それは、いくつになったとしても、どこで育ったとしても重要です。翻訳者として、「あとがき」でも書かせていただいたのですが、この本は決して「男の子の育て方の正解」を教えようとしているのではなく、社会の違和感に気づくことで、「この世で生きるとは、どういうことか」、そして「私たちには、どのようなことができるか」ということを考えるためのきっかけとして読んでほしいのです。

性的ではない親密な人間関係を築くためのハグ

私自身は、これからのジェンダーレス社会を考えた時に大事なのは、性的ではない親密な人間関係を築くことだと思っています。日本では、男性の友人に求めるものと女性の友人に求めるものは違うと思うかもしれませんが、例えばアメリカだったら、幼少期から、ハグをする文化があります。大人になっても、私はいまだにアメリカの高校時代の友人と会うと男女関係なく必ずハグをします。そのハグに嫌らしさは全くありません。本当に久しぶりに会えて嬉しいという気持ちの表現です。

しかし、日本では男性がハグを行うと、セクハラだと言われてしまうことも多々あるので取り入れることは難しいとは思いますが、子どもの頃から、ボディコンタクトが必ずしも性を意識させるものではないと教えていけば変わっていくのかもしれません。今の社会がセクハラに敏感なのはわかりますが、不用意にそういった言葉を使用し続けると、人と人との接触という行為自体が特別なものになってしまい、少し触れただけでも変な目で見られてしまう。その人たちの関係性もあるとは思いますが、なんでもかんでも「セクハラ」と処理してしまうことで、逆に性差別につながる危うい社会になる気がします。

自分が嫌だと感じた時は不用意にセクハラと口にするのではなく、「触らないでください。そこは私のパーソナルスペースなので守ってください」というようなコミュニケーションを取る——意識してそうすることで大いに違います。組織や会社側としても、相談を受けた際には、最初からセクハラ案件として扱うのではなく、「相手方は深い意味がなく肩をたたいたけれど、相談者は非常に嫌がっていた。ではどうしたらいいのか」ということを真剣に考えることから始めなければなりません。

小さな頃から、「お母さんは愛してるんだよ」と言い、ハグや握手をしながら抱きしめる。からだに触れ合いながら、「私はあなたをすごく好きなんだ」ということを伝え続けていく。日本ではまだまだ、愛情表現や自分の気持ちを素直に言い合うことが多くはありません。それは友達に対しても、家族に対しても同じです。ボディタッチが普通になり、それが嫌らしい感情ではなく、男女関係抜きに純粋に好きという気持ちを表しているのであれば、嫌がられることはなくなるのではないでしょうか。

また、アメリカのドラマではよくありますが、両親が共働きの家庭では、限られた時間の中でみんなが情報共有をする。例えば、「今日は学校で何があって、何が嬉しかったか、何が悲しかったか」と家族で話をします。一方、日本では「今日学校でどうだった?」「うん、特にない」という具合に、まだまだコミュニケーションが少ないのではないでしょうか。一緒にテレビを観ている時などに「これ、どう思う?」「何でそう思ったの?」と聞いてみることで、子どもの頃からもっと自分の意見や気持ちを表現することを習慣づけることができるのではないでしょうか。

やはり、まだ日本の男性は「背中で語る」「以心伝心」など、話さないことが美徳になってしまっているところがありますが、それを変えなければならないと思います。また、思春期の男子とはコミュニケーションを取りたくても取りづらいという母親も多いと思いますが、話そうとする行為を示し続けることが大切。母親だけではなく、父親自身も、何でもいいので自分がその日に経験したことを話してみることから始めてみてください。そうすることで子どもが気持ちを開いてくれれば理想的です。

コミュニケーションを取るうえで最も手早い方法は、さまざまな情報を取り入れること。現在の子どもたちはたくさんの情報に精通しています。今はSNSをはじめ、さまざまな媒体からホットな話題がキャッチできます。子どもたちが何に関心があり、どういう話題を出せばこちらを向いてくれるのか。親世代はそこに追いついていく必要もあるでしょう。

社会の無意識を個人が意識していけば日本はまだまだ前進していくはず

いろいろと話しましたが、私は決して悲観しているわけではありません。日本も大いに進歩したと感じたのは、日本の大学を卒業して一度アメリカに戻り、その後約5年を経て再度日本に戻った2019年頃。明らかに日本が少し変わったという印象がありました。トランスジェンダーを取り上げる機会がメディアでも圧倒的に増えており、さらに、それまではひとくくりに使っていた「オカマ」や「ゲイ」といった不適切な言葉を使わなくなり、日本人が多様性という視点を広げ、注意深くなってきました。いちばん影響力が大きいのは海外からの観光客が増加したからでしょうか。インバウンドの人々を意識することで多様性の理解が進んできたのだと思います。

2023年にニュースで都電が男性専用車両を運行したという話を聞きました。それは一時的な企画だったかもしれませんが、男性も被害に遭うという事実を認知し、対策をとる動きが出始めているようです。

今、子育てをしている友人たちの間では、赤ちゃんの名前が中性的になってきています。

男の子だから、女の子だから、という性別による決まりが薄まっており、今後、性自認がどうなるかわからないから、「アオイちゃん」のようにどちらでも馴染《なじ》む名前を付けている親もいます。服装の色使いも男女ともに多様になってきました。

周りの変化を見ていると、やっとそんな時代に入ってきたと実感します。

親戚の子が中学生の頃にアメリカに遊びに来てくれたのですが、それをきっかけに考え方が変わり、「海外とつながる仕事に携わりたい」と言ってくれました。日本から離れて、外の世界から日本を見る。それができなくても、外から日本がどう見られているか知ることが大切です。みんなが海外に行けるわけではないと思いますが、インバウンド旅行客の人たちと交流するのも良い機会です。ネットも含めて海外の方とつながる場が増えてきています。それらを活用するだけでも全然違うと思います。

私は『男子という闇』の前に、『無意識のバイアス』という本を翻訳いたしました。これは人種差別についての話なのですが、根本にあるのは、私たちの意識の問題です。人種差別も男女差別も、そして男らしさに対する束縛も、すべて無意識のままに生成されますが、それを見過ごしてはいけない。無意識に対して意識的に働きかけていきましょう。

これからの男の子の問題は、育てる親だけでなく、男の子と接するすべての人たちに当てはまることだと思います。個々の意識に頼らざるをえない部分はありますが、意識を変えていくためには、できるかぎり多くの情報をキャッチできるようにしておくこと。そうすれば意識は必ず変わっていきます。気づけなかった違和感にも気づけるようにもなります。

第5章

立場が逆だったら……と問い直してみることが大事

スーパー銭湯の男風呂は、なぜ、おばちゃんが掃除をする？

Q.9

小5の男女の双子がいます。ちょっと乱暴だったり、だらしなかったりしても息子に対しては、「男の子だから仕

方ないか」と大目に見てしまいます。むしろ「やんちゃだけど、それが男の子はかわいいから」と思ってしまうほど。これではいけませんか?

「男の子って、そういうものだ」という思い込みが社会にある

田中 「男の子の性」が雑に扱われてるという問題を話しましたが、性の問題以外にもさまざまなことがあって、例えば、うちの子は2人とも男の子なんですが、寝グセを直すのが嫌いなんです。

太田 寝グセが嫌いなのではなく、寝グセを直すのが嫌いなんですか?

田中 そうなんです。「寝グセ直しのスプレーをかけていい?」と言うと、嫌がるんです。だから、そのまま保育園に行かせてしまうのですが、寝グセそのままで来ている女の子は、ほとんどいません。「まあ、男の子だからそれでもいい」みたいに親も思ってしまう。そういった雑なことをいろいろと地続きにやっている中で、たぶん性の問題も起きてくるのではないかと。

今の社会では、「やっぱり男は乱暴で、不真面目で、大雑把だ」と批判するけれども、僕ら大人たちが、「男の子はそもそもそういうものなのだから、彼ら自体を乱暴、不真面目、大雑把に扱っちゃってもいい」と思ってしまっています。

それを一度しっかりと問い直さなければいけないと思います。

太田　私の中にもあるジェンダーバイアスが、まさにそこなんです。良くないと自覚していても「あっ、私、やっちゃったな。男の子だから適当でいいか、という対応を息子にしてしまった」と思うことがあって……。

『これからの男の子たちへ』という本を出版した後に、いろいろな方にインタビューをさせていただく機会があったのですが、雑談の中で「普段、息子さんとはどんな話をしていますか」と聞かれて、つい「親が一所懸命に話をしても、息子は途中で飽きちゃって、鼻をほじりながらどっか行っちゃうんですよ（笑）」などと言ってしまったことがあり。もしこれが娘だったら「鼻ほじってた」とは言わないだろうと思うんですよね……。娘だと配慮することだろうに、息子だと面白いネタにしちゃっていました。

例えばそんなふうに、私の中にも、やっぱりまだジェンダーバイアスが残っています。子どもの頃からあるんです。「男の子は乱暴で、粗雑で、デリカシーがない存在」というような思い込みが。実際にはそうではないことは知っています。でも自分の中の、いつの間にか刷り込まれたそういうバイアスに、ふと気づくことがある。

子どもの頃に、私が近所の男の子に「ピアノなんか習うの? 似合わなーい」と言ってしまい、その子のお母さんに怒られたことがありました。あの時は怒られて良かったと思っています。

私自身、男の子にいじめられたりしたことがないわけではありませんが、リアルな体験よりも、社会のいろんな刷り込みによって自然にジェンダーバイアスが培われたという気がします。「男の子って、そういうものだ」という。社会全体にありますよね。

田中 ありますね。

太田 そういう価値観が小さい時に入っちゃうと、大人になって、親になっても残ってしまいます。

繊細な扱いを求めている男の子や、乱暴な扱いに傷つく男の子に対して、「女の子でもないのに」とか「しっかりしなさい!」とか、言葉にしなくても「男の子なんだから……」という感覚が子育て界隈《かいわい》には結構あります。社会全体が、男の子をそのように扱っている感じです。

男性には女性のお風呂やトイレを洗わせない

田中　以前から気になっていたのですが、スーパー銭湯で女性が男子風呂の掃除をしていることがあって、たまたま僕の授業を受けている学生がアルバイトをしていたので理由を尋ねたことがあります。

そうしたら店長が「スーパー銭湯は、料金を安くしなきゃいけないから従業員はほとんどパートです。パートだと近所の主婦たちが基本的に働いています。人数も足りないので、女の人が男子の浴場も清掃せざるをえず……」と。店長さんとしては、安いんだから仕方がないだろ、それが嫌ならもっと高級な店に行け、みたいに捉えちゃったみたいです。

でも、これにはいろんな問題がありますよね。まず、家事・育児の負担から、近所でしか働けないという女性たち。実際にスーパー銭湯で働いている女性に学生が聞いたところ、男性のお風呂を掃除するのは嫌だという人もいるんです。男が裸でいる場所へ行くわけですから、当たり前ですよね。

そういう目に遭わせられても、家の近所では他に選択肢がないから、そこで働くしかないんです。しかも、男子風呂の掃除は20代の女性にはやらせないらしい。

太田　すごくわかる!「おばさんだったらいいだろう」ということですよね。「若い子だとセクハラされるけど、おばさんならセクハラされないからいいだろう」という誤った思い込みが見えるし、しかも30過ぎればおばさんだからという発想ですね……何重にも問題があります。

実際には高年齢でも性的被害に遭うのに、「歳のいった女性は性的対象じゃない」という決めつけがある。

田中　そうです。この問題には、本当にいろんな女性差別の要素が複合的に入ってるんです。女性の労働賃金の問題もある。トイレの清掃にしても一緒だと思うんですよね。なり手は女性のほうが多いけれど、たまたま男性の清掃員がいたとしても、男性には女性のお風呂やトイレを洗わせないじゃないですか。

男性の裸は映していいのか？　笑いにしていいのか？

太田　そうですよ。私は昔から、旅番組で温泉紹介をする場面が気になっています。温泉紹介の時に、男性のからだが際どいところまで映されてます。さすがに性器までは映さないけれども、背後からお尻はそのまま映す。洗い場とかにいるおじいちゃんのお尻とか、平気で映ってるの結構あって。「これ、いいの？」と思ってました。女風呂ではそういうことはしないわけですが、男風呂だったらいいのでしょうか。

そういう男性の性的プライバシーを粗雑に扱う風潮は、男の子の尊厳を大事に育てようとする発想を妨げるのではないかと。

「これって、おかしいよな」と思っていても、「自分は気にしてる」と言うと「気にしすぎだ」と言われてしまう。そのままずっと葛藤を抱えながら生きていくことはしんどいから、葛藤を感じないようにするために、性的プライバシーの侵害に傷つく感覚を自分で麻痺《まひ》させてやり過ごしている人も少なくないのでは。無自覚なうちに「社会ではこういうことになっている」ということに適応させている人もいるでしょう。それが本当にいいことなのかどうか。

こういう問いかけをされることは、あまりないと思いますが、実際に聞いてみたら「実はヤダ!」という人が案外いるかもしれません。

田中 子どもと『仮面ライダー』の映画を観に行ったら、お風呂から出てきた男の人が腰にタオルを巻いていて、それがポロッと落ちて、女の人が見て「キャー!」みたいなギャグシーンがあったんです。男の裸がギャグに使われるということが、僕としてはすごく嫌です。

女の人のバスタオルがポロッと落ちるシーンがあったら、「わ〜、ラッキー!」みたいな話とは全く逆で、僕は男の性器を笑いに使う表現が気になっています。

女の人からのスキンシップは男なら誰でもOK?

田中 テレビのCMを見ていても「男の子の性」が雑に扱われてると思うことがあります。ちょっと前に、良く思えないCMがありまして……。

ある会社の若い男性社員の話なのですが、彼には社内に好きな女性がいます。普段はその女性から見向きもしてもらえないんですが、顔にそのCMの商品を塗って会社に行くと、女性が後ろから「おはよう」って声を掛けてきて、彼のほっぺたに人差し指をプニッとするような感じのボディタッチをするんです。

「今日は、あれを肌に塗っていて良かった！」という商品PRなのでしょうけど、僕はそんなことをされたら、この女性を嫌いになると思いました。

太田　距離感が近すぎですよね。

田中　もし、このCMで男女が逆を演じていたら炎上しているのではないかと。

「なんだ、あの男は！　つき合ってもいないのに馴《な》れ馴《な》れしく女の人の頬を触って！」となりますよね。でも、男の子だからということで、「好きな子と距離が縮まって良かった」みたいな内容になっています。

このCMを見るたびに、僕は子どもに「パパはもしこんなことをされたら、この女の人のことが嫌いになる」と話しています。

そんなことを指摘しているのは、周りで僕しかいないんです。世間一般からすると「ラッキー！　憧れの美人社員がスキンシップをしてくれた」という感じなのでしょうか。

太田　うっすらとセクシュアルで好意的なアプローチが女性からくるのはいいことでしかない、という考えなんでしょうね。

前にも話に出てきたエマ・ブラウンの著書『男子という闇』の中でも、男の人が女の人から意に反するアプローチを受けて、したくないセックスをさせられた、という被害について報告されていました。

日本ではそういうことにスポットライトが当たらないですし、実際にどれぐらいあるのか見当がつかないですよね。

女性だけでなく、男性も性差別や性暴力に苦しんでいる

田中　そうなんです。男に対するステレオタイプを社会が放置してしまっています。だから男性が被害に遭った時にも「まさかそんなことがあるはずない」と思ってしまう。逆に、そういったステレオタイプを男の子たちが真に受けていくことにより、女性が被害者になるという側面もある。

男の子に限らず、大人の男性も含めてジェンダーの問題に取り組むことが、男女平等を達成するうえで大事なのだと思います。

太田　どうしても性差別や性暴力は、女性の問題というふうに扱われやすい。もちろん女性差別は深刻で、性暴力の被害者は女性がとても多いけれど、でも男性自身だって性差別構造に由来して苦しんでいるはずだし、男性が受ける性被害もある。男性が、自分を苦しめているものは何なのか、正しく理解しないと、女性差別解消を求める声に無用に反発してしまうことにもなりかねないと思います。

海外では、その問題について取り組む動きがあります。エマ・ブラウンの『男子という闇』にも、いろいろなワークショップのようなものが効果を出していると書いてありました。具体的なプログラムが出てきたことには希望を感じます。学校でも実践されているようなので、ぜひ日本も輸入して取り組めればいいと思います。

田中　そうですね。僕も希望は持っていますが、日本はまだスタートラインにも立っていないと感じます。

太田　まだアメリカでも当たり前というわけではないのでしょうが、最近は一部の高校でも少しずつ実践し始めているようですね。アメリカは銃社会で、学校での暴力事件が深刻だというのも理由のひとつでしょう。

田中　男の人だけが集まって話し合うようなプログラムもあります。誰かが誰かに教えるというのではなく、参加者自身が主体性をもって答えを探っていくところにポイントを置いています。

太田　お互いに注意し合うんですよね。それぞれの話に対して、合言葉のように「それは違うよ」と指摘したり、あるいは、「他人に優しくできることこそがカッコいい！」という価値観を学んだり。ポルノリテラシーを持つ話も興味深い。アメリカでもいろいろあるんですね。

今は、質の高い恋愛経験や性体験を求められる時代です

田中　その本にもありましたが、アメリカでも青年の性行為の数が減っているそうです。日本でいう「草食化」みたいな話なのですが、それに対して「ポルノが普及しすぎたからだ」とか、「晩婚化してしまう」といった批判があります。でも、実際に性行為が減

っているのは、「より多くの人がより良い性体験をし、本当に自分が望んだ性体験を得ようとしているからだ」ということが書いてある。それって、結構大事なことですよね。しっかりとした合意に基づいたうえで、より良い体験を目指す――そう考えると、みんなが慎重になり、経験も回数も減ってくるというのは、別に悪いことではありません。

太田　「女性の経験人数が男の勲章」みたいなカルチャーもありました。「俺は何人の女性とセックスしたことがある」というふうに競い合うと、性行為に同意があるとか、より良き体験とか、そういったことはどうでもよくなってしまいます。

「こうしたら女の子を落とせる。こうしたらヤレる。これが女の子のサインだ！」などのナンパマニュアルが流行《はや》った時代。私が中高生ぐらいの頃って結構そうだったと思うんですけど、変な時代だったと思います。バブル時代的価値観だったのかな……。

田中　男の子同士で女性経験の人数自慢合戦が始まった時に、どうやって対抗するのか。僕が聞き取り調査した大学生の男子は、「オレは20人とヤったことがある」と言われたとしても、「いや、僕はそのぶん長くつき合い続けている彼女がいるから」と言い返せる、と。質の高い恋愛経験やお互いの信頼に基づいた性的経験があれば、ただ単に回数や人数の自慢をされても何とも思わないのです。

つまらない男同士のマウントの取り合いになっても、自信を持って言い返せるのはいいことですよね。

太田　女性を勲章みたいに見たり、トロフィーワイフ的な発想をしたりするのではなく、対等な存在としてつき合う――女の子がパートナーの男性を選ぶ時はそういう基準が重要だというのが常識になるといいと思うんですよね。

第6章

男女対等な関係の恋愛と性行為が求められる時代

セックスした相手の数を誇りたがる男。コンドームを持っていたら「はしたない」と思われる女——どうして？

Q.10

母親たちの世代と比べたら、私は自由奔放な恋愛をしてきたと思います。その時々は楽しかったけれど、彼氏に浮気されたり、泣かされたり……。息子にはそういう男にはなってほしくないのですが、恋愛についてどう教えればいいのか、悩みます。

'80〜'90年代、マニュアルから始まった恋愛の問題点

田中　セックスは、かつては結婚してからするものでした。結婚するまで、してはいけなかった。それが、今は全く変わってしまいました。

太田　恋愛の自由ですね。

田中　そうです。恋愛していればセックスをしてもいい、ということになったのですが、そもそも日本人は恋愛を知らない。根本的な方向性の間違いがありました。信頼関係をパートナーと築いていくことで、安心感を得るのが恋愛においては大切です。性的同意についてもそう。男性が「セックスしたい」と言い、女性に「嫌だよ」と言われても、信頼関係があれば「そうか、そんな気分か」と納得することができます。しかし、恋愛において信頼関係が築かれていないと、断られた男性が傷ついたり、女性も断ったら相手を傷つけてしまうと思ったり、そういうレベルの低い問題が生じてしまいます。

'80年代頃から若者が自由に恋愛するようになったというけれども、信頼関係を積み上げていくようなものではありませんでした。僕ら'90年代の時はデートマニュアルなどの雑誌が売れていた時代でしたが、スノボに行って、ナンパして、デートして、クリスマスになったらディナー食べて、ホテルに泊まって……、といったマニュアルばかりでした。

太田 ティファニーのペンダントを用意したりしてね（笑）。時代を感じますね。

田中 そうです。ちゃんとした恋愛をしたことがないものだから、マニュアルが提供するパターンにのっとっていただけです。

そんな時代を経て、ようやく今、われわれ日本人が恋愛する時の長年の課題だった「性的同意」や「男女の関係性をいかに作るか」などの話が出てきました。

僕自身も、若い頃にはそういう概念がなかったので、恋愛しても上手くいかなかったですね。ケンカしたらすぐに別れてしまうし、信頼関係を積み上げるような感覚で恋愛をしていなかった。

太田 そうですよね。対等な関係を構築するということも含めて、大切なのはおそらく性教育です。私もそれは意識的に教わってきたかったと切実に思います。

「どういうことが対等な関係性なのか」ということ、いろんなジェンダーバイアスが自分にある中で、「彼氏と対等でありたい」とずっと意識してきましたが、なぜか全然対等じゃない関係ばかりで……。「対等でありたい」と思っているのに、どうしてこんなに対等にいかないんだろう。それが今までの個人的な総括です。世の中全体で「対等な関係とは何か?」ということが、まだカオスな状態であると思うんですよね。

かつては、努力したことへの見返りがセックスだった……

太田　世の中には「男の子はベッドの中でもリードしなきゃ」とか「女の子は、そんな男の子のプライドを傷つけないように上手く振る舞う」といった刷り込みがまだまだあります。それらはひとつずつ解体していきたいですよね。
仕事で見聞きするものやSNS上で見かけるものから感じることですが、男性の一部には、絶対に断られないような状況に追い込まないと、安心して女性を口説けないという発想の人がいます。これは、断られて傷つくことを過剰に恐れているのかなと。断られることはつらいかもしれませんが、過剰にネガティブに捉えているように感じ、違和感を覚えることがあります。

田中　差し出したものに対して、見返りが得られないのが許せないのでしょうね。「ここまでしてあげたのに」という。

例えば、就職活動が上手くいかない時に「オレは高校時代から頑張って勉強して、いい大学に入ったのに、どうして企業は報いてくれないんだ」のような……。

努力に対してリターンがないと納得できないというのは、子どもの頃から競争させすぎたことの弊害じゃないでしょうか？

「競争して勝つことで、いろんなものが手に入るんだよ」という刷り込み。恋愛も、自分が努力して成し遂げて、そのリターンが得られるもの。リターンの象徴的なものが「セックスさせてもらえる」ということなのでしょうね。

太田　「モテ自慢」の男の人の話を聞いていると、ゲットした女の人の数をゲームの点数のように捉えているところがあると思います。「関係性をいかに構築するか」ではなく、「女の人をいかに攻略してセックスに持ち込むか」となっています。

田中　以前、小島慶子さんと『不自由な男たち』（祥伝社新書）という本を出した時に話したのですが、若い頃に「なるべく多くの女とヤリたい」と意気込んでいた男が、性的に枯れて老人になると登山にハマり、日本百名山制覇を目指すのではないかと……。もし、そうだとすれば、まるで女性はモノと同じ扱いですよね。

太田　100人と1回ずつするより、1人と100回セックスするほうが関係性は深まるのに。1人だけに絞らなくては、という意味ではないですが、かつての「攻略」みたいな価値観は若い世代には薄れていると信じたいです。

田中　1人と100回すると、その中で見えてくるもの、積み上がっていくものがあるはずです。シンプルでわかりやすいたとえだと思います。

太田　人数に価値を置くのではなく、相互の関係性を深め合うことのほうが重要では。田中さんが先ほどおっしゃっていた「僕はそのぶん長くつき合い続けている彼女がいる」と言い返せる学生のお話、「ゲットした女性」の数ではなく、ひとりの女性との質の高い恋愛に価値を見出していました。堂々とそういうことを言えるなんて心強いですね。

田中　はい。きっと彼らは自分たちの関係性に自信があるのです。「いい関係を築いている」という自信。

１人と長くつき合っていく中で、信頼できるものが積み重なっていく。「顔が好き」とか「ファッションが好き」ということでなく、「この人が好き」。そういうレベルに達しているんですね。

太田　素晴らしいわ！　理想ですね、自分も高められ、相手も高められます。

田中　ですが、それを理想だと思う人はどれほどいるのか……。

僕が大学生に聞き取りをした中では、「１人と１００回やって、別れたら損じゃん」という意見もあります。「どうせ別れちゃうんだったら、１００人と１回ずつやったほうが得じゃん！」といった謎の発想も……。

仮に、長くつき合った彼女と別れたとしても、そこには「いい関係を築いたことがある」、あるいは「いい関係を築いても、別れてしまうことがある」といった具合に、いろいろな学びがあるはずです。大切なのは、その経験を通して信頼関係の質について考えることだと思います。

Q.11

最近は「不同意性交」の問題がよく話題に上がります。有名人の訴訟もニュースに

なるので、今のうちから息子たちにも適切に伝えていきたいのですが、どういったことに気をつければいいのでしょうか?

「性の二重基準」が今もなお放置されている

田中　性的同意の話は、ジェンダーの問題を考えるうえでとても大事なので、もう少し掘り下げたいと思います。

社会学では、「性の二重基準」という概念があります。「男は性に奔放であってもいいが、女は性に貞淑でなければならない」というものです。

このようなダブルスタンダードがあると、男の人が女の人を誘う時、どうしなければならないか? 男性は、半ば強引にいかないと性行為に行き着けないわけです。女性は貞淑でなければいけないので、からだを守っている。だから、男は攻め込まないとセックスにありつけない。'80年代に男性向けのマニュアル誌では、「女性にはお酒を飲ませて、あわよくば……」的な記事が出ていましたが、性に奔放な男たちは「身持ちのかたい女」をどう崩すか、という話になってしまう。逆に、女の子が避妊や性感染症予防のためにコンドームを持っていたら、はしたないということになってしまうのです。なぜこの話をしたかったかというと、男の人はやはり性的同意というのが面倒くさいと思いがちな傾向にあるからです。「なぜ、そんなことしなきゃいけないんだよ」という人が多い。

でも、性の二重基準が崩れれば、性に積極的な女の子や、逆に、性に消極的でありたい男の子にとってはいいことだと思います。

「男は奔放で、女は貞淑」という構図が変わっていく中で、それぞれが好きなやり方でつき合っていけばいいし、性的同意の交渉もしていけばいい。若い人の間でもいまだに「女の子が避妊具を自分で用意して持つのは、はしたない」という意識があるようです。そういうところがフェアになっていけば、男の子にとっても悪いことではないんです。親も、もっとそういう話をしていけばいいのですが、自分が若かった頃とは違うので子どもにどう伝えていけばいいかわからない。そもそも自分たち夫婦が性の二重基準から抜け出しているかという問題があります。

だからこそ、意義がある話なのですが。

太田　夫婦でも性的同意を取れていないことは結構あると思います。

また、女性の性的主体性を堂々というと、ものすごく「ヤリたい女性」だとか、歪んだ捉え方をされるのではと躊躇《ちゅうちょ》することもありそうです。「女性の性の解放」が、ズレた極端な文脈でしか語られない……。女性から脱ぐような話の時は「女性の自由な意思だ」「性的自己決定権の行使だ」などと語られる一方で、触られたくない、脱ぎたくない、脱がされたくない、という女性の性的自己決定権はあちこちでないがしろにされている。

何か議論が散らかっていると感じます。

田中　太田さんの言うこと、わかります。

一時期、篠山紀信やアラーキーによる素人のヌード写真集が出てきました。アート作品として発表されたのかもしれませんが、ポルノとして消費されてしまうような側面があったのではないでしょうか。そういった極端なものしか出てこないというのは、おっしゃるとおりですよね。

太田　そうなんです。もっと普通に取り組めばいいのに、それがなかなかできない。

海外の性教育の現場では、生殖としての性行為だけではなく、快楽コミュニケーションとしての性行為についても、しっかりと教えているところもあるそうですね。ユネスコの「国際セクシュアリティ教育ガイダンス」でも、学習目標として「人は他者にふれたり親密になったりすることで相手に愛情を示すことができる」とか、「よいタッチ」と「悪いタッチ」があるなどの学習目標があるんですよね。でも、そういったことは日本の教育では今もタブーです。

関連して思い出すのですが、田房永子さんはマンガの中で、女性だけの場でも女性器の扱いが隠し事のように語られていると指摘されていて、その感じすごくよくわかると思いました（『ママだって、人間』（河出書房新社）所収「まんこの洗い方問題」）。

「ちんちん」のような言葉が女性器にはない、のが問題

田中　例えば男女の性器のことをそれぞれ「夫さん」「妻さん」という呼び方で、なるべくナチュラルに使っていくというのはどうでしょう。なかなか定着しない言い方かもしれませんが、「ご主人さま」「奥さま」というより自然で丁寧な呼び方だと思います。

太田　なるほど。どういう言い方であれ、「陰部」みたいな「陰」がなく、ニュートラル

な新しい言葉を定着させるといいのではと思います。

田中　「妻さんは…」と言うぶんには僕自身も違和感はないです。

ただ、それは逆に言うと、女性の性に関する表現のタブー性、つまり「女性は性に貞淑なもの」という概念を打ち破るのはなかなか難しいと思います。新しい言葉を意識的に作っていかないと。少しずつ生まれ始めているのかもしれませんが、もっとスピードを上げたいですよね。

日本語では男性器を「陰茎」とか言いますけど、言葉自体、あまりニュートラルな感じがしません。それでも男の子は、ある意味で性教育しやすいです。「ちんちんが……」「たまたまが……」と言えばいいのですから。うちの子が娘だったら、そういう会話は難しかったと思います。

太田　私も息子には、絵本をそのまま見せて女性器の話をしていました。本を読んでヴァギナの説明をして、日本語の「膣」という呼び名は正しいけれど日常的にあまり使われないと教えています。男の子の「ちんちん」に対置されるぴったりの言葉がないと伝えました。

第7章

「性的同意」についてしっかりと伝える性教育

息子に避妊の仕方をどのように説明したらいいのでしょうか？

Q.12

夫は「オレも中学生の頃にエロ本やＡＶを観ていた。男の子はそういうものなんだ」と言っています。だから、息子がそのうちアダルト動画を観たりするのも仕方ないのでしょうか？　そのまま放置していていいのでしょうか？

断られることだってあることを意識したコミュニケーションが必要

田中　アダルト動画に「性的同意」のようなことは、ほとんど描かれていません。「フィクションです」といったテロップは出ますが、とてつもなく暴力的なもの、平気で性的暴行をするようなものもある。男性優位の過剰な演出がされています。
僕がインタビューした男子学生にも、いまだにそれが刷り込まれている人がいて……。あの世界がセックスの本当の世界だと思っていて、つき合っている彼女に〈おかしい〉と思われたとか。

太田　性的暴行されている間に女性がだんだん感じてきて、初めはレイプで始まったけど、なし崩し的に「同意」された……みたいなストーリーも結構ありますよね。きちんとした性教育を受けないままなら、その動画を観て「セックスとはそういうもの」と思ってしまう。性別を問わず、女性だって、そう思ってしまうところがあると思います。
性教育を受けたうえでポルノを観るのと、性教育がなくてポルノを観るのとでは、全然意味が違います。

田中　そうですね。

太田　だから、ポルノに接する年齢になる前に、「性的同意」を考える機会をちゃんと持つべきだと思います。小学高学年ぐらいからは、ある程度、踏み込んだことを言葉で伝えられたらいいですよね。

セクシャルな接触でなくても、「手をつなぐ」や「腕を組む」など、バウンダリー（自分と他人との境界線）を超えるようなことをどれくらい許容して良いか。それには個人差もあるし、その時の気分もあります。

その時に「手をつないでいい？」「腕を組んでいい？」とすべて言葉にしないまでも、「相手が断るかもしれない」と思ったり、「断られることもあるよね」と意識した行動を取れることが大切。たとえ断られたとしても、自分を全否定しない受け止めができるようなコミュニケーションであるべきではないでしょうか。

コミュニケーションは省いてセックスだけしたい。そんな性的同意とはかけ離れたメンタリティが一部の男性にあります。あれはなんだろう？　と思うのですけれども……。

田中　女性を攻略してセックスできたことを、ひとつの達成と理解しているのかもしれません。
その場での性的な関係性よりも、自分の満足感のほうが大きいのでしょう。恋人や妻とのセックスで同意を取らないのは、すでにつき合ったり、結婚したりしているのだから、それが合意であり、「いつでもセックスしていい」と思っているのでしょう。

いずれにしても、女性が人として尊重されてはいないですよね。

一方で女性用アダルト動画には安心感が描かれている

太田 性教育が乏しい状況で、男性優位のポルノへのアクセスだけは容易なわけですから、勘違いしても仕方がないかもしれませんが、実際、さまざまな事件があるので、そういうポルノに触れるリテラシーがないまま視聴することの危うさには気をつけなければなりません。

私が関わった本当にひどい性犯罪で、見知らぬ女性を路上で拉致して性的暴行という事件があったのですが、加害者たちは「女性も快感を覚えるだろうと思っていた」と言っていました。驚くことですが、レイプ被害者の話には、加害者から「どうだ、気持ちいいだろう?」と言われたというのが結構あります。「挿入さえしたら女性に快楽を与えられる」という思い込みは一体どこからくるのか。とても根深い歪んだ認知が蔓延《まんえん》している現状を踏まえると、子どもたちには誤った思い込みを正しい知識として覚えてしまわないように、包括的性教育が大事なのだと実感しました。

「ポルノだから」ダメだと言っているのではなく、対等なコミュニケーションを重視した性教育がないまま、性暴力をエロネタとして描くコンテンツに触れることが問題だ、ということで、ポルノの中にも「女性向け」とされるものはコミュニケーションを重視して描こうとする傾向があるようですし、海外ではインティマシー・コーディネーター立ち会いにするなど出演者の同意や安全に配慮して作成する「フェミニストポルノ」があると聞いたことがあります。そういうものを実際にどのように評価するかはさておき、そういうことも次世代には現在の日本の状況の解像度を上げるための情報として知っておいてほしいと思います。

でもそんなこと、母親から言われるのは嫌でしょう。

田中 そうなんですよね。男性用ポルノと女性用ポルノでは、内容が全然違うと聞きました。僕も勉強不足だったのですが、かつて対談させていただいた方が、大変イケメンなAV男優で、『セックスのほんとう』(ディスカヴァー・トゥエンティワン)という本も出されている鈴木一徹さん。彼自身も出演する女性向けレーベルのポルノでは、必ずコンドームシーンを入れるなどして、安心感を描くようにしているそうです。

それでもやっぱり、男性向けではコミュニケーション部分を省いて、「出会って3秒で合体」みたいなことがあるのだとか。

太田　コミュニケーションを省くというのが暴力的ですよね。「これは暴力シーンだ!」とわかっていて、娯楽として消費してるならまだいいんですが、リテラシーがないと「これがセックスだ」と思っちゃう……。コミュニケーションの省略というのは、実は離婚事案でもよく出てくることです。「無視する」や「話を聞かない」といったモラルハラスメント。コミュニケーションを取っていないのに要求だけを押し付ける問題。

田中　コミュニケーションは本当に大事です。ところで余談なのですが、鈴木一徹さんが本当に若々しくてびっくりしました。僕の研究室の前で待っていてくださった時に、同僚の先生から「学生さんが、先生の部屋の前で待っていましたよ」と言われました。実際には僕と5歳も離れていません(笑)。

太田　スキンケアなど気を遣ってると若く見えるでしょうね。

田中　お肌がつるつるでした。

でも先ほどの、コンドームシーンを意図的に見せるというのは本当に良いことだと思います。「コンドームシーンを見たら萎える」という考えは撲滅したいですよね。今の技術革新はすごいですから、コンドームをつけることで性的快楽が損なわれるようなことはない。

Q.13 性教育のために、息子にコンドームのことを教えたほうがいいと思っていますが、なかなかそれは私の中ではハードルが高いです。どうしたらいいですか。

「動画」や「マンガ」での性教育は子どもたちも理解しやすい

太田　私もコンドームを実際に手に取って息子たちに見せたことはないですが、バービーさんやSHELLYさんのYouTubeを通じて、性に関する動画を画面越しに見せていました。息子たちは村瀬幸浩先生監修の『マンガでわかる　オトコの子の「性」』(合同出版)や村瀬幸浩先生とフクチマミさんの共著『おうち性教育はじめます』(KADOKAWA)といった性教育マンガを読んでいることもあり、あまり心配はしていません。親が直接コンドームを渡しても悪いとは思いませんが、一方で、親から言われたくないこともあるのかな、と感じます。プライバシーも尊重してあげたい。

だからこそ「この本は面白かったよ」とか「バービーさんの動画が面白いんだって!こんな回もあるらしいよ」と声がけをして、こういうテーマを親と話していいんだというように思ってもらって、困った時には相談できるような信頼関係を築いていくことが大事かなと。

田中　そう考えると、学校をはじめ、公的な機関でどうするかが問題になってくるのではないでしょうか。

3年ほど前に大変興味深い記事がありました。ノルウェーの研究で避妊具の無料提供が人工妊娠中絶を減らすという研究があったそうです。それに基づき、フィンランドの自治体で25歳以下にコンドームを配る事業を始めたとか。

「性教育をしたほうが、望まない妊娠が減る」とは昔から言われていることですが、最終的なゴールとして学習の指導要領にしっかりと組み込みたいところですよね。

今は親子で一緒に読めるような性教育書籍が増えてきました。希望のあることです。

太田　いい時代の始まりです。積み残した課題がようやく加速しだしましたよね。

関連本を読んで、私たちも一緒に正しい知識を得て、子どもたちとコミュニケーションを取りながら情報共有をして、子どもたちと良い関係を続けていくことができたらいいな。

ところで、性教育本を読んだ息子でも、わからなかったことが3つあったらしいんです。

それが「性感染症」「マスターベーション」「体外受精」でした。

それぞれ説明したのですが、「体外受精はわかったけど、じゃあ体内受精もあるの?」と言われ、「それは通常の普通の妊娠パターンだよ」と話をしました。

田中　とても素敵な関係性ですね。息子さんが話した質問は大事なことです。子どもを信頼するべきですね。

子どもは新しい知識に接した時に「コレとコレは何?」と即座に疑問を出せます。その時に「寝た子を起こすな」ではなく、正しい方向に導いてあげることが大切です。

今は梅毒をはじめ、性感染症が流行っていますから、太田先生の話をうかがって、うちの子にもやってみよう! と勇気づけられました。

太田 親の悩みや迷いは、子どもにも隠さずに話す必要があると思います。私も開き直って、「こんなことを言ったら、あなたが恥ずかしいかもしれないと迷ったんだけど、こういう理由で話したいのね」「こういうことを心配してるから言うんだけど……」など、自分の葛藤もなるべく言葉にしながら話すように心がけています。

家庭での教育は本当に大きいと思います。でも、どの家庭でも十分にできるわけではないし、学校とか地域とか、いろいろなところで性教育が大事ですね。

2022年6月にAV出演被害防止・救済法が成立しましたが、この法律には、「出演に係る被害が一度発生した場合においては、その被害の回復を図ることが著しく困難となることに鑑み、学校や地域、家庭などで、AV出演被害発生の未然防止のための教育活動の充実を図る」、などという条文があるんですよ(19条)。AV出演被害がどれだけ人の尊厳を傷つけるかを考えることは大事だし、救済策ができたことも周知されたほうがいいのですが、しかしまだ包括的性教育が全然普及していない現在の社会で、AV出演被害防止の教育だけが上手くいくはずはないと思います。

田中　性の尊厳に関わることですし、親子できちんと話ができるといいですね。

太田　はい。性教育となると、親はニヤニヤしたり、ごまかそうとしたり、ひるんだりしてしまいがちです。しかし「触れてはいけない質問だ」と子どもに感じさせてしまうと、その後、性に関する質問をしてくれなくなってしまうと思います。親の動揺に子どもは敏感です。

だから「子どもから、こういう質問がきたらこう返す」というように、ある程度の予習をして、心構えをしておいたほうがいいかもしれません。質問する立場、答える立場になって、パートナー同士で練習してみるのもいいと思います。自分がうまく質問に答えられない場合は、無理にその場で答えようと慌てず、「それは大事な話だから、ママが後でゆっくり説明したい。覚えておいてね」でもいいと思います。

くれぐれも「まだ早いから」とか「変なこと聞かないで」と答えないように。そう言ってしまうと、子どもが「もう聞けない……」と諦めてしまうから。

田中　僕ら自身が「そんなこと聞かないの」と親に言われた世代なので、訓練されていないのは当然です。でも、その負の結果、自分たちがどう生きているか、苦労していることはないか、ということです。

この負の連鎖を次世代では止めなくてはいけない。親が教えてくれなかった、学校が教えてくれなかった、社会が口をつぐんできた、という結果が今なのですから。

太田　これは私たち世代の試練ですよね。全国にいる同志の皆さんに頑張ろう！　と言いたい。親がやってこなかったこと、隠してごまかしてきたことを言わなければいけない。今までの参考例がないから、私たちが編み出してチャレンジするしかないのです。「たどたどしくても大丈夫！」と開き直って説明していくことが大事です。本や動画など、今は性教育コンテンツも充実しているので、信頼できるものを探してそれらを上手に活用するのもいいと思います。頑張りましょう。

田中　不妊症が増え、晩婚化が進む今、これからの子どもたち世代には、生殖技術の話はリアリティを感じることになるのではないでしょうか。昔はSFだといわれていた人工子宮も、今ではかなりリアルな話。近い未来には、ありえない話ではない。さまざまなことが選択できる世の中で、生殖の営み自体が、性行為から解放されつつあります。

今まで以上に倫理観も問題になってきますよね。

Column

ジェンダーレス
KEY PERSON **3**

「性」をテーマにした
YouTube動画が人気!

バービーさん（フォーリンラブ）INTERVIEW

”女の子向けの基本的な話のつもりだったのですが結果的に男の子や教育者にも見ていただけました“

バービーさん

1984年北海道生まれ、4人兄妹の末っ子。2007年、お笑いコンビ「フォーリンラブ」を相方ハジメと結成。明るいキャラクターや的確なコメントなどから、最近ではコメンテーターとしてラジオやテレビで引っ張りだこになっている。2021年に一般男性と結婚し、夫のエッセイも好評。

太田啓子さんも息子さんたちと見たというYouTubeの「バービーちゃんねる」。写真は過去No.1の視聴回数約350万回再生を記録した『生理について語ります』。最近は、視聴者同士の絆コメントが生まれており、恐怖感を持つ小学生のコメントに対し、他のお姉さま方が「大丈夫、安心して」と返信するなど良い性コミュニティが築かれている。これ以外にも『男性の生きづらさはどんなことがあると思いますか??』や、AV男優・しみけんさんとのコラボ『男と女の性…なぜ勃つのか…』『ちょっとディープな性の話』など、性に関するコンテンツがバズっている。

YouTubeの「バービーちゃんねる」では、女性のからだにまつわる悩みを発信することが多いのですが、時には「男性の生きづらさ」や「男と女の性…」（AV男優・しみけんさんとのコラボ）について取り上げてきたこともあります。

私としては、ひとりの女性として女性向けに基本的な性の話をシンプルに伝えたかっただけで、「性教育動画」として真面目に堅苦しく伝えたかったわけではありません。とはいえ、それが結果的にひとつの性教育コンテンツとして受け入れられたのはありがたいことです。

なぜYouTubeで発信したのかというと、テレビはテレビで時間も限られているし、その時のキャッチーな情報が中心になります。それはそれで悪いことではないのですが、「他にも伝えなければならない大事なことがあるのに……」と疑問に思っていたことを軸にしてみたところ、女性のからだや美容の話が中心になっていきました。

最初は、性のことを発信することに対して、多少なりとも風当たりが強いだろうと思いました。みんながどういう反応をするか、芸能人として奇抜な印象を持たれてしまうのではないかと不安でした。それまでは、このようなことを発信する人がいませんでしたから……。

どんなに努力してもネガティブな意見に直面するとは思っていましたが、それを覚悟のうえで心がけていたことは、基本的な知識だけにとどめておこうということ。例えば、生理についての動画の時は、これから生理が始まる子にだけ向けて話すようにしよう、と。結果、視聴された方々から「私も悩んでました、知りたかったです！」という反応が返ってきて、皆さんも知りたかったことだったのだと改めて気づきました。

性については、女性が自分の口で言語化して男性に伝えることができない現状や、男性が女性のからだについて全く理解していないこと、生理や妊娠、妊活、出産などについて、きちんと教わっていないという事実があります。その結果、何かが起こった時に社会の中では、女性の側だけに責任が押し付けられています。しかし、性についてしっかりと学んでいれば、そんなことにはならないのではないかと思うようになりました。社会で性教育をちゃんと教えてほしい、第三者の教育機関がもっと取り組んでくれたら困ることはなくなるのではないか。女性の中で、「あなたは言えていいよね、私は言えない」という思いを抱えている方もいます。女性の間でも、それぞれの考えを尊重し合いたいですよね。包括的性教育という観点からでも、性被害や性加害の問題は正確な情報さえ学んでいれば、こんなに悩むことはなかったかもしれないと感じていました。

ありがたいことに、私の動画は想像していたよりも多くの幅広い層の方々から視聴していただき、私自身も大変驚きました。いちばん再生回数が多かった生理についての動画は、年頃の男の子が見てくれていたり、教育関係者から「授業でみんなに見せたい」、シングルのお父様から「娘が生理になった時の対応方法が学べた」という声がありました。

女の子たちだって生理について知らなすぎる。親も更新していない……

この動画をアップして驚いたのは、女性自身が何も知らなかったことです。初歩的なことを知らない人も多く、例えばナプキンを下着に付ける際に、本来はテープ部分を下着側に付けるところを逆にして肌に付けていたという方もいました。親からもしっかりと教えてもらっていないという現実があります。

生理については母親の影響が大きく、「母親から手渡された生理用品しか家にないので、それ以外は使ったことがありません」という方もいます。私が使用して良かったと実感した、シンクロフィットというものは「第3の生理用品」と呼ばれているのですが、肌とナプキンの隙間に挟むことで経血の漏れを防ぎ、さらにトイレに流すこともできる優れもの。親御さんたちも、今はそういう新しいものを知っておくべきだと思います。母親が保守的だと、娘の選択肢を狭くしてしまいます。女性同士でさえ理解し合えていないのであれば、ジェンダー観も理解し合えないのは当然なのかもしれません。

「毎月訪れる生理のことを、誰にも言えないなど悩まないで」「ナプキンも普通の日用品だし、今の時代はいろいろなものがあるよ」と発信することで、選択肢があるということを心にとどめておいていただきたいという気持ちです。ですので、必ずYouTubeの動画の最後には「自分で決めてね」と言うようにしています。

反響が大きかった生理動画を公開してから、産婦人科医や性教育に関連した人たちとのつながりが増えてきました。

この本の著者の太田啓子さんをはじめ、さまざまな方々が本を送ってくださいます。「男の子の性について」「海外の性に悩む人の話」「産まなければよかった」などなど……。今、私の本棚は、性関係のものがたくさんあります（笑）。パーソナリティを務めているラジオの番組にも、いろいろなゲストにお越しいただき、話を直接お聞きすることもあります。

生理についての動画配信は4年前に行いましたが、いまだにコメントをいただいており、小学生の子が「生理が来るのが怖い」というコメントをすると、他の方が「大丈夫だよ、怖くないよ」と返信してくれていたり、そのようなつながりも嬉しいですね。

メディアにも頻繁に取り上げていただくようになりましたが、私の中では、一過性のブームだけにしてほしくない、終わらないでほしい、大丈夫だろうか、という危機感があります。だからこれが当たり前の世の中になっていけばいいと感じます。生理について語りにくかったり、隠してきたり、困ってきた世代は30代より上の方々だと思いますが、その世代に無理やり今までの考え方を変えてほしいとまでは思っていません。その方々が困ってきたようなことを、次世代には引き継ぐべきではないというだけです。生理のことは、ほんのひとつの例です。自分たちが困ってきたようなことで悩まずに、今の若い人たちが堂々と生きていけるようになれば……。

男性にだって弱さがあるのでは？ 以前から気になっていました

女性の立場から、男性に聞きたいけれど聞きにくい話をＡＶ男優のしみけんさんにうかがったことがあります。女性は初潮が来た時に、隠したい、言えない、という複雑な感情を抱くものです。では、男性が初めて射精を経験した時はどうなのか。男性にだって、初めての経験というのは何かあるのではないか、と聞いてみたかったんです。すると、しみけんさんは非常に上手に自分の言葉で説明してくださりました。男性の意識というものをそこで初めて知ったような気がしました。詳しくはここでは触れませんが、男性にだって性の部分で「弱さ」や「戸惑い」のようなものがあるんですよね。

私もそうでしたが、夫に出会うまでは男性の性に関しての弱さを感じることができず、「男は『やりたい』ということだけを考えているのではないか」と思っていたことがありました。しかし、しみけんさんは、「男性がみんなそう思っているわけではない」と語り、その実態をたくさん教えていただきました。男性だって性についての悩みがあり、弱さもあるということをもっと発信していくべきなのではないかと実感しました。

夫からは、「男らしさの呪縛」についての話を聞いたことがあります。例えば、子どもの頃に本当はピアノをやりたかったのに、野球をやらされたとか。

また、私には兄がいるのですが、地元で後継ぎになりました。もともとはとても優しくておっとりした人なのですが、長男としての使命感もあるのか、「強い父親」が家に2人いるからか、最近はよく父と言い合いになっています。あるあるでしょうか。その様子には男らしさを感じることがありますが、「継がなければならない」ということで自由が制限されているところに、私は少なからず切なさも感じます。

一方で、その状況が兄にとっては安心感や自信につながっているとも考えられます。それが兄のアイデンティティなのかもしれません。兄には兄の人生があって、私が「かわいそう」などと思うのは誤解だとも考えられます。結局は、いつも私が兄に甘えていて、兄にはいつも感謝していますが、いずれにせよ、男の子も含め、今の男性たちは社会的に複雑な立場に立たされているような気がします。

「ちんちんの加害性」に自覚的か無自覚か

以前、夫に「あなたは昔から『ちんちんの加害性』について自覚的だから、気遣いの場所が人と違ったり、優しさが人と違ったりするのだと思う」という話をしました。逆に「ちんちんの加害性」に無自覚な男性は、女性とセックスする時に「相手を傷つけてしまう」

などとは思いません。

ただ、男の子には誤解しないでいただきたいのです。痴漢や性犯罪で男性が咎《とが》められているのを見て、「自分と同じ性別の人がこんな悪事を働いている。だから自分もそうならないようにしよう」と思い込みすぎて、自分の中の性欲をすべて否定してしまうのは気の毒だと思います。そう感じる前に、目の前でおかしいことが起こったら止めるだけでいいのです。ただ黙っているだけだと罪悪感を覚えてしまうかもしれませんが、それが犯罪であるということをしっかりと理解して、自分事として考えられるかどうかが大切だと思います。

そして、女性も受け身だけではなく、リードすることが大切です。また、自分の意思をはっきりと「ノー」と言うことも必要。性的同意で大事なのは、本当の意思なのかどうか、言葉にできる力と勇気を持つこと。それがなければ、「ちんちんの加害性」に無自覚な男性と同じ土俵で戦うのは難しいと感じます。

気軽な雰囲気でコミュニケーションを深めていきたい

私が伝えたいことは、やっぱり人と関わることでさまざまな学びが得られるということです。結婚したことで、より一層そう感じるようになりました。子どもたちが「もう話さなくてもいい」と思ってしまう状況になってしまってはいけないと思います。人は第一印象だけではわからない。最近は、第三印象くらいまでいかないと理解できないと感じるようになりました。そのぶん、相手と深くコミュニケーションを取りながら関与する努力を忘れないようにしていきたいと思っています。最初は反対意見を抱かれた人であっても、ただ反対されたで終わるのではなく、「どうして反対なのか？」という意見をしっかり聞くことも重要です。そのためにも、相手に対して一生懸命アプローチする――そんな世の中になってほしいと思います。

男の子のお子さんをお持ちのお母様方に、私は大したアドバイスをできないかもしれませんが、今までの常識や道徳とは別の価値観の社会の中で、子育てに取り組んでいらっしゃるわけですから、何の指針がなくても仕方ないと思います。私が大ざっぱな性格だからというのもありますが、ひょっとしたら過度に心配する必要はないのかもしれません。みなさんは十分に頑張っていらっしゃるのですから。

YouTube動画をきっかけに、性に関連する仕事がかなり増えましたが、これからも私自身は、女友達と話しているような気軽な雰囲気で性の話をしたいと思っています。

Column

”性教育は「恥ずかしいもの」でなく
「自分自身を守るもの」。
親もアップデートが必要です“

ジェンダーレス
KEY PERSON 4

コミックエッセイ
『おうち性教育はじめます』が大ヒット!

イラストレーター・フクチマミさん INTERVIEW

フクチ マミさん

1980年神奈川県生まれ。金沢美術工芸大学卒業後、デザイン事務所勤務、2004年よりイラストレーターとして活動を始める。「わかりにくいものを、わかりやすく」をモットーに、自身の経験をもとにした日常生活で感じる難しいことをわかりやすく伝えるコミックエッセイを多数刊行。2女の母。

「なんでママは立っておしっこしないの?」と聞かれたら……。2020年に発売されたコミックエッセイ『おうち性教育はじめます 一番やさしい!防犯・SEX・命の伝え方』(フクチマミ、村瀬幸浩 ／KADOKAWA)は、現在26万部を突破。2022年に続編として出たのが写真の『おうち性教育はじめます 思春期と家族編』(フクチマミ、村瀬幸浩 ／KADOKAWA)。反抗期の子育ての不安も、性教育が助けになります。

Column

きっかけは「娘には、性について嫌な思いをさせたくない」

そもそも私自身が、今まで性に関することで嫌な思いや不安を経験してきました。だから、そういった経験を娘に繰り返させたくないと思って、長女が5歳の時、性教育について考え始めました。

しかし、自分が性のことを説明できる言葉を持っておらず、同時に、自分自身がまだまだ性に対して強い抵抗感を持っていることに気づきました。そんな時、SNSで性教育に関するイベントを知り、勇気を出して参加してみると良い意味で衝撃を受けました。「性教育とは、生理、精通、性行為だけではないんだ!」と驚きました。「お子さんには、やはり早いうちから伝えたほうがいい」とアドバイスを受けて性教育の絵本をネットで購入しました。しかし、それでもやっぱり子どもには教えづらく、モヤモヤしているうちに長女は10歳になっていました。

そんな頃、東京・足立区の中学校の性教育の授業がニュースになりました。「自らの性行動を考える」という人権教育の一環で、授業では避妊方法や中絶について取り上げたのですが、それに対して、都議会では「不適切な性教育」として批判されました。私もその数年前に、PTAの活動で「性教育」をテーマに講演会を開催したいと学校に提案していたのですが、却下されていたので「学校で性教育を十分に教えてもらうのは難しいんだ」と痛感しました。

そこでママ友に声をかけ、有志で助産師さんをお招きして、まずは親向けの勉強会から始めようということになりました。性教育とはどういうことなのか、どのように伝えるべきか、まず親が学ぶための集まりです。私たちの世代も、性教育が曖昧だった時代に育ち、私たちの親にも詳しい知識がありませんでしたから……。リラックスして学ぶためにとお酒も用意したのですが、皆お酒を飲むことも忘れて、助産師さんの話に聞き入っていました。性教育は、健康に関わる必要な知識でありながら、多くの親たちが「恥ずかしいもの」「隠すべきもの」というイメージで受け取り、そのように教えられてきました。その考え方が根深すぎて、あたかも許されないことをしているかのような気持ちにさせられて困っていたのです。

子どもたちには、もうそのような思いをさせたくない。正しい性の知識を子どもたちにも伝えたい。そんな気持ちから、次は子どもたちと一緒に学ぶ性教育イベントを開催しました。「性交のことはどう扱われるんだろうか」ということばかりに親たちは過敏になっていましたが、子どもたちは助産師さんの言葉を驚くほどまっすぐに受け止めていて、その姿に私たち親は驚きました。自分の体に起きる変化や生殖のしくみ、自分や相手の体や気持ちを大切にすること、など、性教育を学ぶことで自分と他者を大切にすることが学べて、どの親子も「教えてもらって良かった！」と喜んでいました。

そのイベントを機に、私は性教育のマンガを描いて本を作ることにしました。そのための共著者を探していたところ、ある講演会で村瀬幸浩先生に出会い、ご協力をいただけることとなりました。

村瀬先生が教えてくださる性教育は、日常の延長線にありつつもアカデミックでもあり「性教育は本能の話ではなく、まずは自然科学、そして文化、教養」であることを体感でき、学問として真摯《しんし》に勉強できます。出会った講演会の中で、セルフプレジャーについて「自分を知ること、セルフケアにつながる」と説明されていて、目から鱗《うろこ》が落ちました。そういう話は、下ネタとして扱われる以外で知らなかったのですが、村瀬先生は「自分の性器の快い感覚を、良いこととしてポジティブに受け入れるのは自己肯定感につながる」のだと。同時に「それにはマナーが必要」とも教えてくださいました。今まで私は、セルフプレジャーは「汚くて悪いこと」だと思っていました。触れられて気持ちいい、自分で触れても気持ちいい、という感覚は誰にでもあるはずなのに、それを悪いこととして心の底に隠すことは、自分の感覚を否定する行為だったのです。自分のそのままの感覚を認められたような気持ちになりました。

「性的欲求が起こるのは、心理的なものや、それに伴うホルモンの作用」

「性的欲求が起こるのはコントロールできないけれど、それをどう表すのかはコントロールできる、性欲を管理できるようになることが大人になること」「セルフプレジャーをすること自体は悪いことではない、ただ、プライベートなことだから人から見えないところで行うのがマナー」など、性欲の捉え方も改めて知りました。他にも「子どもにこういうことがあったら、こんな話をしよう」という内容を『おうち性教育はじめます』では描いています。

先生は、男性ならではの視点、自分の体験談も交えながら話されています。今まで、男性と性の話をして良かった印象がなく、恐怖心があったのですが、先生には「人を大切に尊重する」というしっかりとした軸があるので、安心して性について語り合えます。柔らかく紳士的にお話しされる先生なのですが、見た目は威厳のある方なので、その柔らかさが伝わるように、マンガではウサギのキャラクターに見立てて登場いただきました。

本当はもっと男性にも性教育本を読んでほしい！

この本の企画を最初に編集部会議にかけた時には、「性教育のコミックエッセイなんて必要？」「誰が読むの？」という反応でしたが、担当編集者が熱心に推進してくれた結果、出版することができました。蓋《ふた》を開けてみれば大反響で、「こんなことを知りたかった！」

「もっと早く知りたかった！」という声が大多数でした。

親の立場の人だけでなく、これまでにつらい思いをしてきた人、性的欲求があることで自分を汚れていると思い、傷ついてきた人たちが、「そんなことを思う必要はなかったんだ！」と自己肯定につながったという嬉しい声を聞くことができました。

出版前は書店に性教育の本がほとんどなく、私の密《ひそ》かな目標は「書店に、性教育に関する本が並ぶ棚を作る」でしたが、それを実現することができました。この本が売れたことで、性教育に関する企画が通りやすくなり、次の本が出しやすくなったと聞きました。関連本が増えていくことは喜ばしいことですし、一時のブームでは終わらせたくないです。


わが家の娘たちは、私の子どもの頃のような生理に対する抵抗感を持っていません。父親の前でも生理の話をしますし、ナプキンもトイレの中で普通に目につくところに置き、隠しません。隠すのが当たり前だった私はびっくりしましたが、子どもが当たり前に生理を受け入れていることで、私の感覚も変わりました。今では私もトイレの見える場所に生理用品を置き、使いやすくて快適だなと感じています。

私の娘だけでなく、今の子どもたちは男女ともに「人間にとって生理は当たり前のもの」という環境で育てられている子が増えているように感じます。男の子の友達がいる前でも平気で「私は今、生理中で気分が荒れると思うから」と言えている様子を見て、女性として「そう言える環境、関係っていいな」と思います。

男性が父親しかいなかった家庭で育ったママたちは、特に男の子の対応に困ることも多いでしょう。パパたちの中には「僕も何も教えてもらってないけど大丈夫だった。そのうち自然とわかるだろう」と雑に考えている人もいます。

だから、この本も「夫に読んでほしい」という妻側の意見がたくさんありましたが、夫がなかなか読んでくれないという話もありました。「ＡＶやポルノを観ることが性を学ぶということだ」という誤った認識のもとで大人になってしまった夫たちが、性に正面から向き合うことに抵抗を示す場合もあるんです。

でも子どもの成長は待ってくれません。だからまずは私たちが率先して、伝えるべきことを伝えなければなりません。「異性の親としては恥ずかしくて、わからない部分もあるけど、大切な話だから伝えるね」と真剣に伝えると、子どもがちゃんと理解してくれるというママ友の声もありました。あと、男性がもっと自分の感情を素直に、弱音も表現できるようになるといいなと感じます。性教育を学ぶことで、自分がどのような考えや気持ちを持っているかに向き合うこともできます。そうすれば男性が気持ちを表現しやすい世の中に変わっていくのではないでしょうか。

子どもに失敗させないことが親の役割ではない

続編の本では、思春期の親子関係に踏み込んで描くことにしました。思春期に親がまず不安に感じるのは、体つきが大人になってきたのに中身がまだまだ子どもというアンバランスさ。この時期「性教育をしなくては！」と差し迫った危機感を感じる親も少なくないと思います。ですが思春期の子どもとは、性の話どころか普段の会話すらままならないことも多い。ただ、そんな状況でもできることがあるんです。ひとつは、体調や悩みを相談しやすい関係づくり。リスニングといって子どもの言葉を遮らず、否定しないことです。あれこれアドバイスをしたくなるけれどそれをぐっと抑え、聞かれた時にだけ答える姿勢が必要になります。体について正しい知識が書かれている本を家に置いておくことも体のことを話せる雰囲気やきっかけになります。

ふたつめは、親自身が性について学んでアップデートすることです。そのうえで家庭の中でどういう夫婦関係を見せていくか。ジェンダーレスや男女平等と言われている社会の中で、一番身近な家庭内ではどうなっているかを子どもは見ています。例えば、ニュースで話題になっている性的同意に対しての親の反応がどうであるか。そういったものが思春期の家庭での性教育の中心になってくると思います。

うちでもニュースを見ながら、夫婦でさまざまな話をしますが、時には価値観の相違から言い争いになることだってあります。少子化の問題やルッキズムについて意見が合わず、それを聞いていた娘たちが怖がってしまったこともありました……。子どもが怖がるほどの言い合いは良くありませんが(笑)、それでも大人が意見を交わす様子を子どもに見せることは必要だと思います。

そして、思春期には、親が子どもに対して「自分とは違う、ひとりの別の人間だ」という線引きをすることが重要です。どうしても生まれてしまう親としてのコントロール欲を手放していく作業です。親が子離れできず、子どもを手放さないのは、その子のためにもなりません。自立を阻みます。

村瀬先生は、「人間は失敗するものだから、自分の子どもにトラブルがあった時に受け止めることが親の役割、それこそ予期しない妊娠も含めてね」と語っており、私には衝撃的でした。私自身、それまでは「失敗させないことが親の役割」と考えていて、性教育もそのためだと思っていたのですが、「失敗した時、トラブルが起きた時にどう助けるか、どう導くか、同じ失敗を繰り返さないように、どうすればいいかを伝えていく、それが親の役割だよ。本人たちに話し合わせて、最終的な判断は子どもたちに委ねる。もしそこで親が決めてしまったら、自分で決めさせてもらえなかったという経験が、一生にわたって人生に影響する」と。親がパニックになり、責め立てたり、勝手に結論を出してはいけないのです。

性教育は「性行為教育」ではない。学校と家庭の両輪で担うべき真剣勝負です

暴力行為や性犯罪の話の中で、「男の子には加害者になってほしくないし、女の子に被害者になってほしくない」という声をよく聞きます。大切に育ててきた息子が加害者になって、人生が台無しになったらどうしようと心配するのはもちろんですが、一方で、被害を受けるのは女の子だけでなく、男の子もです。性についてのしっかりとした知識がないと、人生を大きく狂わせてしまいます。昔とは違い厳しく罪を問われる時代に変化してきています。子どもを大切に思うのであれば、親自身も含めて性についての知識をアップデートし、丁寧に伝えていくことが必要です。大人の認識が問われるからこそ、性教育は真剣勝負なんです。

かつての日本の性教育は、生殖に焦点を合わせた純潔教育でした。だからこそ、恥ずかしいものであり、隠すべきものであり、学校では「不適切」とまで言われてきました。でも性行為のことだけを教えるのが性教育ではない。性教育は、自然科学であり、健康の話であり、なおかつ人権の話でもあり、法律も絡んでくる——本当に面白い学問です。

初めのほうでも話しましたが、本来これは、学校と家庭の両輪で担うべき教育です。それでも、やはり学習指導要領の「はどめ規定」から学校では詳細に教えられないのが現状（表①）。家庭の事情で正しく性教育を受けられない子たちだっていますから、基本の知識は学校で学び、同時に生活の場や家庭の中で育むのが最適だと思います。育むというのは、例えば体のケアや、同意を取ることやNOを伝え受け入れること、ジェンダー観などを日々の家庭生活の中で繰り返して身につけること。今後の教育環境が良くなり、今家庭任せになっている基礎的な性の知識を伝える部分を、もう少し学校でも担える世の中になることを望んでいます。

表①

中学校 学習指導要領の「はどめ規定」とは?〔保健分野〕

2 内容

⑵ 心身の機能の発達と心の健康について,課題を発見し,その解決を目指した活動を通して,次の事項を身に付けることができるよう指導する。

ア 心身の機能の発達と心の健康について理解を深めるとともに,ストレスへの対処をすること。

㋑思春期には,内分泌の働きによって生殖に関わる機能が成熟すること。また,成熟に伴う変化に対応した適切な行動が必要となること。

3 内容の取扱い

⑺ 内容の⑵のアの㋑については,妊娠や出産が可能となるような成熟が始まるという観点から,受精・妊娠を取り扱うものとし,妊娠の経過は取り扱わないものとする。また,身体の機能の成熟とともに,性衝動が生じたり,異性への関心が高まったりすることなどから,異性の尊重,情報への適切な対処や行動の選択が必要となることについて取り扱うものとする。

*文部科学省『中学校 学習指導要領』(平成29年3月告示)より、「第7節 保健体育」の「第2 各学年の目標及び内容」の一部を抜粋。

「妊娠の経過は取り扱わない」ということは、受精に至る過程、つまり性行為については教えないということ。性教育の「はどめ規定」と呼ばれている。

第8章

暴力の定義を広げることで男の子たちを守る

じゃれ合って股間を触るのは、男の子だったらOKですか?

Q.14 未成年者の犯罪が増え、少年法も改正されました。昔に比べて、性暴力や犯罪を厳しく取り締まるのはいいことだと思いますが、どこからどこまでが、という線引きがわかりません。子どもにはどのように伝えたらいいのか……。

性被害者が実名で声を上げるようになってきた

太田　尊敬する先輩の女性弁護士が、1980年代に性暴力被害者支援に関わり、民事裁判で性的暴行の被害者がどれくらい損害賠償を受けているか調べてみたところ、探すのに大変苦労したそうです。当時は、そもそも性的暴行の被害者が原告の裁判自体がとても少なかった。今以上に、性暴力被害者が声を上げるなんて考えられない時代だったのです。

そういう意味で、今、勇気を出して実名で自分の被害を告発し、それが他の被害者を勇気づけてさらに新たな被害告発の声が上がるという連鎖のような状況があるのは、本当に隔世の感があります。少しずつですが、時代は良くなっていると実感しています。

先日、友人とも話をしていたのですが、'90年代あたりのテレビバラエティー番組は、今ではとても流せないようなことをやっていました。例えば、お笑い芸人が人気女優に卑猥な言葉を言わせて面白がったり、殴ったり、蹴ったり……。芸人がその女優を殴りながら、その女優には「くせになりそう。私はメス豚よ〜」などと言わせてたんですけど、そんなコントを見せられて「何が面白いんだろう」と思って。今のテレビでは絶対できないでしょう。

田中　ありえないです。

太田　服の上から女性タレントの股間に男性タレントが顔を埋めたり、女優の着ているシャツを広げて、胸元に卵液を流し込むという場面までありました。衝撃的です。若くて綺麗な女性をいたぶる様子を娯楽化し、「これが面白いのだ」と発信していたと思うんですけど、もう単なる尊厳を貶《おとし》めている行為でしかなくて……。おそらくその頃に制作現場にいた若手スタッフは、今は組織の上のほうにいて、重要な意思決定を担う役職に就いている年代だと思います。以前のテレビのノリに問題があったことを認識して意識的にアップデートしていればいいですけど、なかなかそういう人ばかりでもないでしょう。あの時代の価値観が組織から完全に抜けきらないところもあるような気がします。今も芸能界・映画界・演劇界のハラスメントはまだひどいですよね。そういうことが話題になるほど問題視されるようになってきていること自体が時代の変化といえるかもしれませんが。

犯罪件数は、世の中としては減っている。でも「言葉」の暴力に注意して

太田　犯罪白書を見ると、実際には刑法犯の件数自体は相当減っています。ですが、今の

法律では犯罪に当たらないものの、粗暴な言葉遣いや威圧的な態度で人間関係を支配、コントロールしようとする言動というのはあって、離婚事件など日常的な弁護士業務でその問題を感じることはとても多いです。

田中　「暴力」を、もっと広く定義しないといけないというのが今の認識です。例えば、暴走族と呼ばれる人たちは昔に比べると劇的に数が減っていて、目が合っただけでぶん殴るみたいな人はあまりいない。ですが、経済的なDVとか精神的なDVとか、暴力はそれだけじゃないところが問題。鈍感な男性は、アイドルに恋愛禁止とか平気で言っちゃう。女性にだけ貞淑さを求めて、男性は性に奔放であっても良いなんてことはないわけで、そうした考え自体が暴力だと僕は思います。

太田　そうです。配偶者間暴力において、身体的DVはたぶん減ってると思います。私も以前は、もっと露骨にあざや骨折ができるような事案を多く受けていました。でもDVが減ったわけではなくて、精神的DVや性的DV、経済的DVが本当にたくさんあって。それを暴力だと思っていない人たちが、リアルでもオンラインでも暴れています。精神的な暴力でも、人は相当強いダメージを受けますよね。

2001年に施行されたDV防止法における【暴力の定義】は、身体的暴力に限定されていましたが、その後2004年の改正で「身体に対する暴力に準ずる心身に有害な影響を及ぼす言動」が入りました。精神的暴力や性的暴力、経済的暴力も本当に深刻なのですが、殴る、蹴る、など、わかりやすい身体的暴力に比べると「夫婦喧嘩は犬も食わない」「お互いさま」みたいに見られてしまう。でも今は、それも暴力として見なければならないという機運ができてきました。精神的暴力のダメージの大きさを踏まえ、2023年のDV防止法改正では接近禁止命令が利用できる範囲が拡充されました。

田中　統計は数え方の問題なので、犯罪が増えた、減った、という話は、あまり意味はなくて。'90年代に自転車を盗んだ人をたくさん捕まえて、若者の犯罪が増えたと言っていましたが、それをどう捉えるかの問題。暴力の定義をもっと広く捉えた#MeTooの存在は、とても大きかったと思います。今までは「普通の男女の関係じゃん」と男が思っていたことに「異議があります！」と言われたわけですからね。「何がハラスメントか。何が暴力か」ということ自体が、今、急速に変わってきてると思います。

太田　その新しい定義を次世代にこれからどんどん広めていくべきですね。大人がアップデートしなきゃいけないと同時に、子どもにも「こういうことは、オッケーじゃないよ」

と。被害を受ける側にも、それが暴力だとわかっていないことがあります。言葉だって暴力です。属性を問わず、誰にでも暴力を与えたり、受けたりする可能性があるかもしれない。いじめについて子どもに教える機会はあると思うのですが、言葉の暴力やハラスメントなども教えられる機会があればいいと思います。

Q.15 **昔は性犯罪といえば被害者は女性というのが普通でした。でも今では男の子の性被害も当たり前になってきたように思います。うちの息子が被害を受けるようなことにならないか、心配です……。**

太田 刑法はもともと明治時代にできた法律で、性犯罪に関する条文も「性道徳を守る」とか「社会の善良な風俗が乱れないように」といった発想でできていました。今は、守るべきは個人の性的自由だということには争いはありませんが、条文の位置にその名残があり、本当は刑法改正時にその位置も変えられたらよかったのにと個人的には思っています。売春防止法も2022年に改正されるまで「性行又は環境に照して売春を行うおそれのある女子に対する補導処分及び 保護更生の措置を講ずる」という、女性の尊厳を守るというより取り締まるような文言が法律の目的（1条）にありました。そういう中で、2022年6月に施行されたAV出演被害防止・救済法は、制定時の議論に色々思うことはありつつ、目的を「出演者の性をめぐる個人の尊厳が重んぜられる社会の形成に資すること」としているのは重要です。

ただし、日本の教育では「自他の性的尊厳を大事にするということはどういうことなのか」を学ぶ機会がなかなかない。だから、例えばいわゆる「男子ノリ」で、「エロでドヤる」みたいな言動をエスカレートさせてしまうことを懸念しています。性的尊厳をあえて蔑《ないがし》ろにすることをネタにして笑う、みたいなことがありますが、その弊害は小さくないと思います。

田中　先ほどから話に上がっているエマ・ブラウンの著作『男子という闇　少年をいかに性暴力から守るか』では、男の子たちの体も尊厳と敬意を持って扱われるべきで、そうした経験があれば、他人の体に対して尊厳と敬意を感じられるようになるのではないかと問題提起しています。性別や性的指向を問わず、誰もが自分、そして、他人のからだを大切に思える世の中にしていきたいですね。

男子の性的尊厳について考えさせる都内中学校の事件

太田　2022年、都内のある男性中学教師が自殺した事件がありました。彼はその数日前に男子生徒に対する強制わいせつで逮捕され、実名で報道されていました。釈放されてすぐ自殺してしまったということです。

これを報じていた文春オンラインの記事（※1）によると、遺書のような内容がインスタグラムに残されていて、そこには「陰部を服の上から掴みました。（中略）正直、性的な狙いはまったくありませんでした。ですが、やられた生徒にとっては、それはとても嫌なことで、ノリや遊びでは考えられないことでした。私はよく他の生徒ともそのような軽いノリで付き合っていて、つい気持ちも考えずにその生徒にも同じことをやってしまったのです」と書かれていたそうです。

「学校で、生徒の陰部を掴んだ」というのは、この教師自身認めていたことのようです。どういう事情であれ、自殺は痛ましいことで、防げなかったことは残念なのですが、しかし、「陰部を掴む」のは、やはり犯罪でしょう。

この記事で私が気になったのは、「その教師を慕っていた卒業生の声」として、「頭を触ったり、肩を組んだり、時には尻を叩いたり、股間を触ることもあったけど、よくある男子同士のじゃれ合い。正直、気持ち悪いと思ったことは一度もないし、周りからそんな声を聞いたこともなかった。事実として触ったには触ったんだろうけど、それっていつものノリじゃないか……。それが僕たちの一致する見方でした」とあったことです(※2)。本当にこういうふうに、教師が生徒の股間を触るということを「じゃれ合い」「いつものノリ」と捉えていた生徒がいたなら、そう思わせていたことが大問題です。それは性暴力なのに、性暴力と認知できないくらい、「男子同士なら遊びでよくあることだから問題ない」という刷り込みがあったということでしょうから。

こういう誤った刷り込みをそのままにしていると、性暴力に対する認識が歪むと思います。実際、性暴力だと捉えた生徒がいて、警察に通報したわけですが、そうしたら教師が自殺してしまった。通報した男の子はどんな思いをしているでしょうか……。SNSには「被害届まで出すようなことではないのに」といった書き込みまであって、これは被害生徒への二次加害ですよね。「男同士股間を触るのはよくあることだろう」という趣旨のSNS投稿も見かけました。

本当に「よくあること」だとしたら、それを変えないといけないわけで、「よくあることだから問題ない」というのはおかしいです。まして、「教師が生徒に」ですから、ちょっと無理すぎる擁護だと思いました。

もし女の子の股間だったら？　男の子の場合は別問題？

田中　それは、先ほどから話している「もし女の子だったら、どうか」につながりますよね。

太田　本当にそうです。女の子だったらありえない。いけないとすぐわかるのに……。男の子だと性暴力被害が被害として顕在化しづらいですよね。周りが被害として捉えようとしなかったりする。

田中　その事件では被害があったという話になっているのに、周りがそれを打ち消そうとしているわけですからね。

太田　女の子の股間だったら同じことを言う？　という話ですよね。

男の子の場合は、「男子同士のじゃれ合い」という体裁で、性的尊厳を傷つけられたという本質が見えづらくなってしまう。「笑ってやり返してやれ！」「男はそんなこと気にするな」というように。

でも、自分の尊厳を大事にする感覚があれば、同意なくプライベートゾーンを触られたら、傷つくのがまっとうです。「男だから傷ついてはいけない」という間違ったメッセージを内面化した男の子は、もし自分が被害に遭った時、すぐには被害だと捉えられないでしょうし、他者の性的尊厳を十分に尊重できないことがあるのでは。

田中　これを踏まえて教訓としなければなりません。

自殺という痛ましい事件ですが、「イヤなことはイヤだと言っていい！」としっかり言うべきです。それがかき消されてしまう社会は、大きな間違いです。

太田　「嫌だ！」ということで通報した男の子は、加害者である教師の自殺にどれだけ衝撃を受けているでしょう。「あなたのしたことは、何も間違っていなかったよ」「自分を責める必要などない」と周囲の大人が伝えられているといいのですが……（※3）。

「被害届を出したら教師が亡くなりました」では、今まさに同じような被害を受けている子どもたちだって、怖くて声を上げづらくなってしまいますよね。被害告発に向けてのエンパワーメントが必要です。
もし女の子だったら「教師が生徒の陰部を掴むなんてとんでもないことだ！」とわかるのに、男の子だと急に「気にしすぎだろ」となるのはおかしいですよね。

かつてはスキンシップが教育の一環だったという間違い

田中　教育社会学者の内田良さんが出されている学校ハラスメントの本に「昔は女子に対する猥褻行為をした時に、『教育の一環だった。コミュニケーションのひとつだった』という言い訳があった」という内容が書かれてありました。今回の事件にもつながるものがありますよね。これが教育現場ではない他の場面だったら、そんなことにはならないと思います。

太田　性暴力を性暴力として認知させないような何かが社会に漂っているとしても、それに流されず「それは性暴力だろう！」と言わないといけない。意識的にそういう教育をしていかないと、子どもたちを守れないと思いますね。

田中 そうですよね。

太田 「教育の一環」という言葉は隠ぺい装置のよう……。

それにしても、教師が生徒の股間を触ることを「よくある男子どうしのじゃれ合い」と捉えるなんて、本当でしょうか。うちの息子だったら「とんでもないものを見てしまった！」と私に話してくると思うんですけど。

田中 男らしさが試されている、という問題もあるかもしれません。

股間を触って、じゃれ合っているような場面では、堂々としているほうが良しとされる。冗談として返すほうがカッコイイということ。男性内の集団では、ありそうな気がします。

太田 ホモソサークルへの入団テストのような感じですね。そこでひとりぼっちにはなりたくないから、無理をして、自分の「イヤだ」という気持ちを押し殺すことで、仲間に入る。

そして中に入ってしまうと、今度は自分がそれを他人に求める立場になってしまいますよね。入団テストを強いるようになってしまいます。同じ男の子が被害者であり、加害者でもある。そうやって連鎖は続いていきます。

私の本の読者にも「自分は被害者だったけど、加害者だったとも思う」という感想を伝えて下さった男性がいました。被害者であれば「これは間違ってる！」と訴えやすいのですが、加害者でもあると思うと、言いづらくなってしまう。自分の側にも嫌な思いをさせてしまった人がいるのだから。

中学生ぐらいになると同調圧力が怖くて言いづらい時期なのでしょうが、でも、そこはやっぱり勇気を持って主張することが大切だと思っています。「他の人と違ってもいいじゃない！」と言いたいですね。

田中　うーん。そう思うと、男と女をかなり初期の段階で分けてしまっているのが問題なのかもしれません。

※1 2022/5/30 文春オンライン「『先生がいなかったら今、自分はいない』強制わいせつで逮捕され命を絶った練馬中学教師『本当の顔』」https://bunshun.jp/articles/-/54720?page=3#goog_rewarded

※2 2022/5/30 文春オンライン「『先生がいなかったら今、自分はいない』強制わいせつで逮捕され命を絶った練馬中学教師『本当の顔』」https://bunshun.jp/articles/-/54720

※3 2024/2/26 NHK 首都圏 NEWS WEB「〝ひぼう中傷にあった〟男子生徒と母親が練馬区に賠償求め提訴」報道によると、被害申告をした中学生と保護者が同級生などからひぼう中傷にあったなどとして区に損害賠償を求める訴えを起こした。https://www3.nhk.or.jp/shutoken-news/20240226/1000102359.html

第9章

あらためて振り返る旧ジャニーズ事務所の問題

少女たちへの淫行だったならば「隠しておいてもいい」とはならなかったのでは?

Q.16

私はジャニーズ系アイドルの大ファンでした。それを息子も知っています。ああいうことになって、ちょっと自分でも整理がつかないのですが、子どもの教育とは別だと思っていた自分を反省しています。

「男性の性被害」も深刻であるということへの意識が乏しすぎた

太田　ジャニーズ事務所の問題ですが、声を上げた被害者の方々の勇気に心から敬意を表したいです。ここまで進むのに多くの声が黙殺されてきました。'99年から'00年に『週刊文春』が大きく報道し、'02年には裁判も行われましたが、私もその頃には成人していたので、私自身も黙殺してきた中のひとりなのだと感じてしまいました。

ずっと噂はあったのですが、公然の秘密のようになっていました。ということは、やはり、この社会やメディアの責任が問われるべきです。

田中　考えなければならない重要なことは、「男性加害者と少年被害者」という構図をわれわれがうまく理解できていたのかということです。もしこれが、芸能事務所の社長による少女たちへの淫行だとするならば、決して「隠しておいてもいい」とはならないですよね。大変重大な犯罪にもかかわらず、「少年が性被害者」となると、認知が歪んでしまうというか、社会が上手く対応ができない問題があるのではないでしょうか。男の子が「男の子にカンチョーされた」と言われたら、「男の子同士でふざけてただけだろう」とスルーされてしまいがちですが、女の子が男の子にカンチョーされたら、そうはいきません。芸能界の権力のことは私にはわかりませんが、とにかく今回の問題は、「逆だったらどうなのか？」を考えて、社会全体が反省しなければいけない。

太田 そうですね。女性の性被害も「枕営業」のように揶揄《やゆ》されたり、まともに扱われないことがあります。どちらがより大変と言いたいわけではなくて、男性の性被害特有の軽視され方があると思います。ジャニー喜多川氏の加害行為については、社会は侮蔑的な「ホモネタ」のような見方をするところがあったと思いますし、「男性の性被害」も深刻であるということへの意識が乏しすぎたことを深刻に受け止めるべきと思います。本当にひどすぎることです……。

性被害に傷つく度合いに性別の差などありません。声を上げづらいのは性別を問わない。ヒアリング報告書で明らかになった被害者の言葉の数々には、とても胸が痛みました。

田中 一方で、「後出し」と言われて非難された被害者もいましたが、そもそも社会が男性加害者と男性被害者のフレームを用意していない以上、そこで何が起きたのか認識するのに時間がかかってしまった。

太田 そうなんです。

田中 もちろん女性だって同じですが、性被害者たちは「まさか自分が被害者になるなんて……」という悔しさがあるだろうし、被害を受けた時のことを繰り返し思い出してしまう。謝罪があったとしても、これからの人生の中で、時折とてつもない嫌な気持ちが湧き上がってきてしまうこともあるでしょう。にもかかわらず、傍《はた》から見ている人が「本当にそんなことがあったの？」などと発言するのはひどいことです。

やはり「男性による男性に対して性犯罪」の認識の薄さが根底にあります。テレビ局やCMスポンサー各社は声明を発表しましたが、これから雑誌やテレビなどはどう考えられていくのでしょう。被害者への補償をはじめ、まだまだ注視する必要があります。

ただ、残念ながら、日本では大きな問題が起きても「そのうち大衆は忘れるだろう」と流して、鎮静化を待つ方向にあります。そんな社会が何十年も続いています。

太田　私自身はジャニーズカルチャーに疎く、有名な数人を除けば誰がどのメンバーなのか全くわからないレベルなのですが、それでもファン層の厚さや人気の高さには驚きます。ジャニーズのアイドルを出せば売れるというテレビや雑誌業界にとっては、この件に対するファンたちの受け取り方も大変重要なファクターなのでしょう。

確かに好きなアイドルを推している方々の熱量はすごいと思いますが、おそらく、これからはアイドルの消費の在り方についても考える必要があるような気がします。

田中　ここまでつまびらかになってくると、落としどころも難しくなってきますね。

太田　本当に、どうするのがいちばんいいのでしょうね。ひとつひとつ、いろいろな調査報告書を拾っていくしかないのかもしれません。

性加害認定によってジャニーズ事務所は経営陣が刷新されましたが、それだけではダメですよね。取引する会社の今後の対応やチェック体制も問題になってきますね。

Q.17 まだ女性差別や女性の性被害も解消されていないような日本で、男の子の扱われ方を考える余裕はあるのでしょうか?

「男の子なんだから、チンチンぐらい触られても別に問題ないだろう」という間違った価値観

太田　刑法もやっと変わってきました。法律も「不同意性交等罪」など、多様な性被害の実態を反映し、2017年の刑法改正によって、性別を問わず、口と肛門に男性器等を挿入されることは、女性のレイプと同じ類型の犯罪として扱うようになりました。

遅かったといえば遅かったのですが、実際に、男性の性被害の深刻さをおろそかにしすぎていることを問題視する風潮は、この頃から活性化してきたということなのでしょうね。そして、2023年3月にジャニーズ問題を取り上げたBBCの「黒船効果」が決定的でした。

田中 そういえば先日も、デパートのトイレで7歳ほどの男の子が性器を触られて、泣いて出てきて、母親がすぐ通報したという事件がありました。いろいろな場所で、本当にそういったことがあるわけですから、男の子に対する性犯罪もしっかりと認めて、彼らのメンタルケア問題にも取り組むべきです。「男の子なんだから、チンチンぐらい触られても別に問題ないだろう」では済ませられない話です。被害があったことは耐え難いことなのですから。

現在は、フェミニズムの流れが大きいわけですが、その中で男の子の問題も含めてジェンダー平等に本腰を入れて考える時代が来ています。性は丁寧に扱うべきで、男女を問わず、性暴力はあってはならないこと。フェミニズムが目指すゴールは女性のためだけのものではありません。大人はその流れにしっかりと向き合わなければなりませんが、そういう意味で、男子2人の父として、僕は少しずつ良い時代になってきたと思います。

太田　男の子のからだだからといって、女の子のからだより雑に扱ってもいいということはありません。他人はもちろん、自分でも。
それでもまだ「男の子の性的プライバシーは、女の子より雑に扱っていい」という暗黙の空気が社会にはあるように感じていて、とても気になります。

田中　うちの長男は小学2年生ですが、ラッシュガードを普段から着ているので、プールでも「上半身裸は恥ずかしい、早くラッシュガードを着たい！」と言います。そんな様子を見て、僕らが子どもの頃の男子は、そういったことすら考えずにボーッと過ごしていたんだなと……。女の子は外で裸になりませんでしたが、男の子の場合は「素っ裸になって、チンチンぐらい出しても大丈夫だろう」という風潮がありましたね。

Q.18　夏休みに会った高校生の甥が、小6の息子に「そんな短パンを穿けるのは今だけだよ」と言ったので、息子は「どうして？」と聞き返したところ「すね毛が恥ずかしいんだよ！　だからパンツがどんどん長くなるんだよ」と。今どきの男子はそれが当たり前なのでしょうか？

思春期男子は「毛」が気になるもの

太田　うちの息子たちはどうなんだろう。兄弟喧嘩で、すね毛を引っ張っていたことがあって、引っ張られた長男が「引っ張るなよ、抜くなら脱毛クリーム持ってこいよ！」と叫んでいました。

私は喧嘩のことより「脱毛クリームの存在を知っているんだ？」と驚きましたね。長男は中2の頃でしたが、友達同士でそういう話題になるのかと。

今は、男性エステや脱毛サロンなど、電車内にもたくさん広告があって、「髭《ひげ》

も脚もツルツル男子が素敵だ」というようなイメージがコマーシャル的に流されていま す。そうなると、やはり影響されるだろうとは思いますね。

田中 以前、僕が所属していた共学の大学では、「卓球部の男の子が、すね毛を剃《そ》っている」という話を聞きました。卓球はユニフォームの規定があって、ショートパンツですから脚を出さないとダメなんです。

あと、近所の中学生を観察していても、脚がツルツルの子はハーフパンツを穿いていますね。もともと毛が薄いのか処理しているのか、わかりませんが、やはり今は思春期の男の子にとって、「毛」のことは気になるんじゃないでしょうか。

男の子が体毛を気にして、「毛の処理をしたい」となった時に助けてあげるべきなのか。それとも「そんなこと気にしなくていいんだよ」と言うべきなのか。確かに迷うところだと思いますね。

太田 私は、男の人が「身だしなみを良くしよう」とか、「美しくあろう」というのは、すごく良いことだと思っています、セルフケア的な意味合いで。ただ、そもそも「女は美しくあれ!」という抑圧が強いのと同じように、男性にも「美しくなくてはいけない」という抑圧を外部から与えるのはおかしい。逆に、男性の中にカッコ良さや美しさのイメージがあって、それに自ら近づきたいと思っているのであれば、シンプルに良いことだと思います。

大学生の息子がいる友達から、若い世代の男性は洗顔の後、わりと普通に化粧水を使っていると聞きました。肌の健康や美容を考えたら、男性だって使ったほうがいいと思います。

昔は「毛があるほうが男らしい」だった

太田　30年ぐらい前のことですけど、むしろ「毛がなくて恥ずかしい」と言ってた同級生男子の話を覚えてます。友達のことを指して、「いいよな。あいつはモジャモジャしてて」みたいな。それに比べて自分のからだは子どもっぽい、といったニュアンスで言っていました。「毛があるほうがカッコいい」という男らしさのイメージがあったということなんですかね。

田中　男の子の場合、腕やすねの毛は、処理するかどうかの判断が分かれる部分だからこそ、余計に悩みがあるのではないでしょうか?

剃っているなら剃っているで、何か言われるかもしれないし、放置していたら「お前、毛が濃いな」と言われるようなこともある。だからこそ、どっちがいいかで悩む。一方でヒゲは剃るのが当たり前だから気にならない。

腕やすねの毛は処理するべきかどうか——それについて親がどう声がけするかについて考えてみる必要はあるでしょう。

僕自身も、すね毛がイヤでしたね。でも、その頃は、剃るか剃らないかについて、それほど強い圧力があったわけではない。今の子はおそらく、太田さんの息子さんのように、友達同士の会話の中で脱毛クリームの話が出てくるレベルになっています。僕らの時代は、そこまで良い商品もありませんでしたから。

太田　あまり意識して見ていないのですが、ドラッグストアに行けば脱毛用品がたくさんあります。脱毛のメンズエステがあるぐらいですから、もしかしたら、「男性用」とうたっている商品もありそうです。
そういうのを使って息子が脱毛したいと言ってきたら、ダメと言う理由はない気がします。止める親はいるのでしょうか……。

今まで「女性的」とされてきた振る舞いを息子が望んだ時に、親がどこまで違和感なく受け止めるか。その点で、脱毛は、わりとハードルが低い気がします。よりハードルが高いのはメイクじゃないかな？　でもMattさんのような方もいらっしゃるから、そうでもなくなってきました。ナチュラルメイクを上手にする男性YouTuberもいますね。

田中　こういった美容やファッションに関する話は、いつも難しいですよね。「ねばならない」という周りからの同調圧力なのか、自分が自己表現としてそういうことをしたいのか……。もちろん自己表現として取り組んでいる人もいれば、周りがやっているから自分もせざるを得ないという人もいます。すね毛ひとつ取ってみても、一度、手入れし出すと、半永久的に手入れし続けなければならないから大変です。女の人は、既にもうそこから抜けられないことになっていますよね。

太田　脱毛産業は儲かりそうですね。

田中　そうだと思います。女性の市場は、もうこれ以上、開拓の余地がない。でもまだ男性には市場が広がっている……。

太田　自分の欲望が市場によって構築されているんじゃないかというようなことにはいつも自覚的でいたいですが、難しいですよね。なんにせよ、「みんながキレイにしているから自分もキレイにしなくちゃいけない」という見た目だけの問題じゃないですよね。そこに加えて、「自分らしく生きていく」ということを、これからの男の子が、より抑圧なくできるよう、大人が支えていけるといいですよね。

第10章

それでも時代は少しずつ良くなってきていることがわかるドラマや映画
ジェンダーレスについて楽しく学べるようなエンタメはありますか？

Q.19

私たちが子どもの頃とは違うということは理解していますが、ジェンダーレスの話はやっぱり難しい……。親である私たち自身も、楽しみながら、笑いながら学ぶことができるようなお勧めのコンテンツはありますか？

これからの男の生き方に向き合った娯楽作品が増えてきた

田中　ここまで、「男らしいとはこういうことだ」「男だから我慢しろ」という刷り込みに始まり、「いい仕事に就いて、お金をたくさんもらってるオレ」「こんなにいいクルマに乗ってるオレ」「いい女を連れてるオレ」といった価値観が、まだまだ社会に残っているという話をしてきました。

しかし「成功を手に入れたオレは、皆に羨《うらや》まれる男」という前時代的なフィクション性の危うさが、いよいよ明らかになってきました。時代は少しずつ前に進んでいます。

僕たちが気軽に観ている娯楽の中にも「これからの男はどう生きていけばいいのか?」ということに向き合った作品が増えてきたのではないでしょうか。

Netflixの『ウ・ヨンウ弁護士は天才肌』を子どもと一緒に観て思ったこと

太田　子どもと一緒によくNetflixを観るのですが、韓国ドラマの『ウ・ヨンウ弁護士は天才肌』をご存じですか? とても良いドラマなんですよ。
田中　知りません。

太田　韓国のエリート法律事務所に勤める新人女性弁護士の話なのですが、彼女には自閉症スペクトラム障害があります。自閉症スペクトラムの方々には並外れて記憶力が優れているということがあったりしますが、彼女もそういったタイプで天才肌。1話完結型のドラマですが、毎回それぞれのストーリーやキャラクターの中に、ジェンダーについて考えさせられる内容がたくさん出てきます。彼女が所属する事務所と、ライバル事務所の所長はともに女性です。さらに、彼女のチームの秘書スタッフが男性で、いずれは恋仲になるのですが、今までのドラマであれば男女の立場が逆ですよね。所長は男性で、弁護士も男性、秘書スタッフは女性といったケースが多かった。

田中　確かにそうですよね。

太田　ドラマに出てくる女性弁護士も、スタッフの男性・ジュノさんも本当に素敵なんです。ジュノさんは卑屈になることなく、とてもサポーティブにケアをしており「僕もウ・ヨンウ弁護士のような方に弁護を依頼したい」と素直に話していたり……。うちの息子も「ジュノさん、カッコいい！」と言っています。

田中　息子さんから見ても憧れるほどなんですね。

太田　ジュノさんは本当に素晴らしい男性です。いろんな葛藤も描かれており、周囲から

「彼女は自閉症スペクトラムで、しかも、弁護士。そんなカップルが、うまくいくわけないんじゃないの？」と心ないことを言われたりするのですが、そんなことはおかまいなしに進むロマンスにも胸を打たれます。

田中 配信ドラマで親子がジェンダーを学べるのはいいですね。

太田 ドラマのストーリーの中で、例えば3兄弟の相続問題で争う事件が出てきます。そこでは、長男が「長男だから」というだけの理由で、弟たちより多い割合で相続できるという価値観の男性が描かれています。ドラマでの説明によれば、韓国では、わりと最近まで法律上、長男の相続分の割合が多かったようです。日本と同様に、家父長制の名残が法律にもあるんですね。そこで私は、息子に「日本でもこういうことが当たり前の世界があったんだよ」と解説を交えて話をしました。毎回、1つ1つのストーリーから、ジェンダーについて考えさせられるものばかりです。まあ私も、エンタメとして捉えながら、たびたびツッコミを入れて観ているんですけどね（笑）。

うちの場合は、ドラマを観ながら息子と一緒にジェンダーについて話すことができるというアプローチはとても効果的でした。単純にドラマは面白くて、楽しくジェンダーについて考えられるこういったコンテンツをまだまだ知りたいですね。本当に素敵なドラマです。ぜひ観てみてください。

田中　ネットを使ったコンテンツ配信によって、海外のたくさんのジャンルのドラマや映画が観やすくなりました。世界には良い作品がたくさんあります。そこで子どもたちとの会話も増えますよね。

太田　ものすごい数の作品があるので、なかなかチョイスも大変です。うちの場合、今のところは配信ドラマが合っていますね。本当は活字の本をもっと読んでほしいところなのですが……それでもドラマを観ながら子どもとジェンダーの話ができるのは良いことです。ドラマやフィクションの中にも、ロールモデルは全然あります。

田中　そういえばYouTubeですが……小1のうちの息子が、コロナ禍で学級閉鎖の時に3日間だけ体育のオンライン授業がありました。YouTubeの体操動画を見ながら、同じことに取り組みましょうというものだったのですが、途中で画面に少しエッチな広告が出てきちゃったようで。妻が息子の様子を見てみたら、そのエッチな広告をじーっと見ていて、とても「嫌だった」と言っていました。でも、学校からしたら仕方がないのですけどね。YouTubeの広告は何が出てくるかわからないので、年齢にそぐわないようなものを目にしてしまう危険性があります。

太田　アダルトコンテンツを観ていて出てくるわけではなく、全然関係ないのに平気で出てきたりしますよね。そういったネット広告は本当にひどい。うんざりです。なくしたい。

田中　子どもが何を観ているか、四六時中、監視することもできないですからね。

映画『バービー』の素晴らしい世界

太田　ところで、田中さんは映画『バービー』をご覧になりましたか。大変面白い映画でした。一度観ただけでは、細かな情報まで拾いきれませんでしたが、仲間と語り合いたくなる作品です。

田中　はい。観ごたえのある映画でした。

太田　当初はあまり内容を知らなくて関心がなかったのですが、公開から間もない頃に、ある男性マンガ家の方が『バービー』を観てツイートしました。

「なんか強烈なフェミニズム映画だった。男性を必要としない自立した女性のための映画。こんなの大ヒットするアメリカ大丈夫なの？」と。それを見て私はがぜん、観たくなって（笑）。

女性の自立は、男性を解放し、「僕は僕でいい」と自己肯定することにつながる

田中　私もそのツイートは見ました。この映画のポイントは「女性が差別されていない世界にいる人にとって、女性差別がある現実社会はどう見えるのか」ということです。バービーは女性差別を経験したことがなく、自分自身が理想の女性だと思っていますが、現実世界を訪れてみると、子どもたちから「お前なんて大したことない！」と言われてショックを受けます。さらに、バービー人形を作っている会社のトップや役員は男性ばかり……といった矛盾もさらけ出されます。

普通に暮らしていると男女の不平等はわかりづらいものですが、もともと不平等のない社会からやって来ると、とても違和感があるというようなお話です。現実社会では、まだまだ女性が不利益を被っていることがわかりやすく描かれています。

この映画はアメリカやヨーロッパで大ヒットしていますが、一方で日本では、そのマンガ家の方が書かれたツイッターのようなリアクションが出てしまう。どうしてうまく理解できないのかと感じます。

「男性学」の研究者として、僕は『アナと雪の女王』の映画以来ちょっと不満がありました。というのは、女性の自立を描くのはもちろん大事なことなのですが、その後、「男はどうする?」といった話が描かれてきませんでした。僕は「女性が自立していく時に、男性はどうする?」という課題が絶対に重要だと思っています。女性が自立するのは必要なことですが、「男はこれから支配者でなくなったら、どう生きていくの?」というのがわからなかった。

その点、『バービー』ではフェミニズムが女性解放だけでなく、男性にとっても解放につながるということが映像として映し出されている。『アナ雪』と比べても一歩進んでいるのではないでしょうか。それに対して否定的なツイートがあること自体が問題です。

太田 『バービー』では、現実社会の「あるある性差別ネタ」がたくさん戯画化されて詰め込まれています。思わず噴き出してしまうようなことも描かれているのですが、そういったことに日頃から苦々しく思っていないと風刺の面白さを感じづらく、笑い飛ばせないと思いますね。今回のツイートの話そのものが、バービーの世界から見たリアルワールドの話として映画に出てきてもおかしくないくらいです。

映画の宣伝では「フェミニズム映画」とは打ち出していない感じですよね。おそらく先ほどのツイートをしたマンガ家の方は、ポップでキッチュなオシャレ映画と思い込んで観に行かれたのかもしれませんね。「フェミニズム映画」と大々的に言ってしまうと、鑑賞するのもフェミニズムに関心がある人たちだけになってしまうのでしょうし……。こんなツイートがあったということは、ある意味では広い層を映画館に動員できたということで、マーケティングの成功ともいえるでしょう。

田中　ちょっとネタバレになってしまいますが……映画では「バービーランド」も現実社会のように男性支配の世界に変えてみるのですが、その結果、争いが絶えなくなってしまい、「本来、これは自分のやりたかったことか?」と空《むな》しくなります。そこでマッチョな登場人物のケンは、男性優位社会は男性にとっても空虚なものと考え、「僕は僕でいいんだ!」と自己肯定できるようになります。『バービー』は男性を解放してくれる「男性学」のための映画です。

「男性自身だって本当はハッピーじゃなかった」ということに気づかされる

太田　この映画は、実はバービーとケンのダブル主人公ですよね。映画のレビューでは「こんなに男性のことを考えてあげなくても良いのでは？」といった感想もありましたが、そう思わせるぐらい、ケンにもフォーカスを当てています。

田中　ケンは筋骨隆々の男前ですが、そんな男の理想像が覆されるところが良い点です。金髪で、筋肉ムキムキで、ハンサムな白人男性は、かつては憧れの存在でした。僕たち日本人は、なかなかあのような容姿には近づけないものです。ある意味で、彼らが社会の頂点でした。

ですが、彼ら自身、社会の頂点になったものの、その結果「で、だからって何なの？」ということに本当は気づいているのですが、それを言ってはいけないのが男のロマン、男の幸せだと自分にも言い聞かせてきたのかと。カッコいいクルマに乗って、自分の権力を誇示した仕組みで会社を牛耳り、トップに立ち、「俺は満足なんだ！」と。

映画『バービー』では結局、それをケンが削除してしまいます。10年ほど前の『アナ雪』

では描かれていませんでしたが、今回は「これからの時代、男性はどうするのか？」というテーマに対する素晴らしいアンサー映画になっています。

太田　私のところには、とても多くの離婚法律相談が来るのですが、家族を養って「家長」であることこそ自分の存在意義みたいに思っている男性は、妻から離婚を申し入れられること自体の動揺と落ち込みがひどい。自分の中で何かが揺るがされて、とんでもない状態（アイデンティティクライシス）になる方が多いです。その流れで考えると『バービー』は、この家父長制が強い社会の中で、「今まで、男性自身だって本当はハッピーじゃなかったよね」ということに気づかされる映画だと思います。

田中　太田さんが語っていることは本当に示唆的で、「男としてやるべきことをやっている。男として期待されていることを十分に果たしている。だから妻は満足しているはずだろう」と勝手に思い込んでいるのですよね。そういう男性たちは、たぶん妻の意見を聞かないし、聞いたとしても、言われていることが全く理解できないのです。

太田　そうなんです！「オレは社会的に成功して、男として役目を果たしているのに、どうしてなんだ！」という気持ちなのでしょうね。ですので、『バービー』はぜひ男性に観てほしいですね。

私は子ども向きの映画ではないと思います。ある程度、考えられる年齢でないと十分理解できないかもしれません。個人差あるでしょうが、高校生の女子がキラキラ映画を期待して観に行って「思っていたのと違かった」とがっかりして帰ってきたこともあるという話も聞きました。また、海外メディアの話では、カップルで観に行って、それぞれの意見をぶつけ合い、別れて帰ってくる人たちが続出したとか(笑)。

田中 僕も大人のカップルや夫婦で観ることを勧めたいですね。お互いのジェンダー感が正直よくわかります。

太田 はい。それこそ大人が楽しみながら観るべき映画です。本当にいろいろな人と語り合いたくなります。

楽しみながらジェンダーレス社会が学べるコンテンツが増えてきた

『バービー』デジタル配信中 ブルーレイ&DVDセット(2枚組) 5,280円(税込)発売元:ワーナー・ブラザース ホームエンターテイメント 販売元:NBC ユニバーサル・エンターテイメント

2023年 世界ナンバーワンヒットを記録! 『バービー』

2023年、世界55か国で公開され、全世界興行収入14.4億ドル(約2,120億円)を突破した歴史的大ヒット映画!世界中で愛されているアメリカの着せ替え人形「バービー」を、マーゴット・ロビー&ライアン・ゴズリングの共演で実写化。さまざまなバービーたちが暮らすピンクに彩られた夢のような世界「バービーランド」から、バービーはボーイフレンドのケンとともに人間の世界へ。しかし、そこはバービーランドとはすべて勝手が違う現実の世界。バービーは自分が時代遅れの存在だと気づかされ、一方ケンは現実に触れた影響で男性中心の家父長制の魔性に目覚めてしまう…。第81回ゴールデングローブ賞で最もヒットした最優秀作品に贈られる「シネマティックス&ボックスオフィス・アチーブメント賞」受賞。第96回アカデミー賞では、7部門・8ノミネートも獲得。日本語吹き替え版の声はバービー役・高畑充希、ケン役・武内俊輔。

韓国で社会現象を巻き起こした大ヒットドラマ 『ウ・ヨンウ弁護士は天才肌』

Netflixで配信中の韓国ドラマ『ウ・ヨンウ弁護士は天才肌』。韓国ドラマ史上爆発的な大ブームになり、Netflixで配信されるやいなや、20か国で視聴1位を記録。自閉症スペクトラム障がいを抱え、IQ164の天才頭脳を持つ新米女性弁護士、ウ・ヨンウが主人公。5歳で刑法を記憶、大学やロースクールを首席で卒業するほどの秀才で、偏見や差別、教育環境、など様々な壁に直面しながら、発想力や行動力を武器に同僚とともに奮闘し、解決していくハートフル法廷ドラマ。ウ・ヨンウの愛くるしいキャラクター、優しくイケメンな同僚、理想的な上司など、登場人物も魅力的。その人気の高さから、ミュージカル、ウェブトゥーン漫画、アメリカでのリメイクドラマ(時期未定)まで発展中。

まとめ

「有害な男らしさ」から「ケアする男らしさ」へ

「トキシック・マスキュリニティ」との決別

田中　僕らがここで話してきたことは「男の子だから」「男のくせに」から始まる「不快な男らしさ」「有害な男らしさ」、つまり「男らしさの呪縛」です。英語では「トキシック・マスキュリニティ」と言われていますが、これについて、男性学の第一人者である伊藤公雄先生は【自他を害する過剰な男らしさへの執着】と定義しています。これは本当にいい定義だと思っているのですが太田さんはどうでしょう。

男の子たちが「女に興味あるぜ。盗撮もできちゃうよ」のようなノリを形成して、それを「男らしさ」だと思って育っていくことは、他人に対してかなり有害な気がします。

その結果、性差別的な意識を身につけていってしまうわけです。「過剰な執着」というところも実に納得できる。
僕自身、長い間にわたって男性学を研究し、反省すべきことはたくさんあるのですが、結局のところ「社会的な地位を成し遂げて、いっぱいお金を稼いで男らしさを達成した。そんなオレに何か問題でもありますか？」と開き直ってしまう男の人たちがいます。誰もがうらやむような職業や年収など、社会的な評価を得た後に、人とのコミュニケーションを遮断してしまう……。それは、最近よく話題になる「男性の孤立の問題」とつながっている気がします。

太田　そうなんです。自分ひとりでこっそりと盗撮するのではなく、複数の男の子同士で「やっちゃおうぜ！」と関係性を強めるために悪事を共有する。そのノリが、やはり「トキシック・マスキュリニティ」だと思います。
伊藤先生の定義は素晴らしいですよね。直訳したら「有害な男らしさ」にすぎないのですが、日本語に表現するうえで「Toxic Masculinity＝自他を害する過剰な男らしさへの執着」とした。これまでの社会で形成されてきた過剰な「男らしさ」への歪んだこだわりは、周りに悪事をまき散らしてるというニュアンスだけに捉えられがちですが、「それは、あなたにとっても有害ですよ」というメッセージが伝わります。そういえば「有害」というよりも「有毒」といったほうが良いという話も聞いたことがあります。

田中　確かに「有毒」のほうが「有害」よりハートフルな感じがしますね。毒のほうが、自分にも、その周辺にいる人たちにも伝わりやすい気がします。「毒から離れよう」という気になりますね。

「ケアリング・マスキュリニティ」というアプローチ

そして今、伊藤先生やその下の世代の先生たちは「ケアリング・マスキュリニティ」に注目しています。これは「ケアする男らしさ」と呼ばれる概念で、本来「男らしさ」とは、強くあることや稼ぐことに限られないはずであり、「ケアすることを『男らしさ』として捉える」というものです。男性の変化を促すための方法として、「男らしさ」そのものを否定するのではなく、今までの男性のあり方に代わる新しい男性のあり方を推奨するというアプローチです。

これまでの「男らしさ」の問題は、他者に対する想像力が著しく欠如していました。例えば、デジタルで保存したものは、ずっと残るし、拡散力が異常なスピードで広まりますよね。昔は「写真を撮りました」とはいっても、現像してばらまくのはすごく手間のいることだった。見ず知らずの人に行き渡るなんてことは、そうそうありませんでした。まあ『投稿写真』といったようなエロ本はありましたけど（笑）。そんなマニアックなもの以外はなかった。今はそれぞれが保存できて、拡散するのは簡単です。拡散された被害者がどう思うかといった想像力が全く欠けていて、同時に被害者はどんどん孤立してしまうような気がします。

太田　講演で私が「有毒、有害な男らしさ」という言葉を話すと、会場にいる男性から、たまに「俺のどこが有害だというのか！」「男らしさの何が悪いのか！」といった反感を感じることがあります。「なんだろう。この空気感は？」と……。ですから、なるべく「あなたが有害だと言っているのでなく、こういうことが有害で、それがあなたにも有毒の作用を働かせているのですよ」といった言い方にするようにしています。ですので、もっと伊藤先生の定義を世に広めていきたいですね。簡単に腑に落ちない人もいるかもしれませんが。

田中　「ケアリング・マスキュリニティ」のアプローチが素晴らしいのは、「男らしさ」という言葉自体は否定しないで、「男」というものを維持したまま、その内実を良きものにしていこうというところです。「われわれ男たちも本当はいいものになれるではないか！」というポジティブなメッセージがある。

ただ、若干、上級者向けだと思うので、まず「男らしさの押しつけは良くない」『男は泣くな』などと言わない」といったニュアンスのことを伝えながら、男らしさの内実をアップデートしていくのもひとつの方法です。

出口が見えなくなり、反省をして落ち込み、「どこに行けばいい？」などと迷ってしまうと、不安に耐えられなくことがあるかもしれません。ですので「こういう方向に歩いていけば、男らしい自分のままでもいいんじゃないか」という自分なりの気づきが与えられれば良いのかな、と。

そしてネットによる醜悪さの共有と戦い続けていく

太田 ネットが生んだ「有害な男らしさ」が犯罪に結びついていることも多いですよね。

田中 明らかにそうですよね。ネットの怖いところは、赤の他人同士が簡単につながれるところ。昔は人を集めて会議室などで、地道にやっていたのではないでしょうか。見ず知らずの人たちを連帯させる仕組みは、多くはなかった。

2023年、ネットで集まったグループによる銀座の時計店強盗事件がありましたが、もし昔の不良グループだったなら、元々の上下関係があるはずで、「お前、この程度なのにイキがんなよ！」となってセーブされていたのかもしれません。でも見ず知らずの人同士が出会うと、「オレのほうがこんなに悪いことができる」「オレは人を殴れる」といったマウントの取り合いになり、歯止めが利かなくなると思うんですよね。まさに「過剰な男らしさへの執着」です。

太田 確かにそうですね。昔は「飲む・打つ・買う」という昭和男のたしなみのような言葉がありましたが、「飲む」はお酒、「打つ」はギャンブル、「買う」は性風俗。あれも「有害な男らしさ」の典型的な行動でした。それを現代に置き換えると、「飲む・打つ・買う」は「ヘイト・イキり・ガチャ」とXで指摘していた方がいて、なるほどと思いました（※）。「ヘイト」と「イキり」はSNSでは非常に良くあります。

「醜悪さの共有を通じた内輪の盛り上がり・賭けによる刹那的快楽・男性性の誇示」――そういう意味では何も変わっていません。仲間になり、誰かを陥れ、マウンティングし、後先を考えない「男らしさ」を見せびらかす、見るからにわかりやすい「男性性」の誇示です。「ガチャ」はお金を課金してガチャガチャを回して、いいものが出るまで変更できるというゲームの課金システム。ガチャで親が変更できればいいのにという「親ガチャ」などの言葉もあります。

田中　昔のコミュニティにも、ブツブツと管《くだ》を巻いていた偏屈な人が少しはいました。でもネット社会によって、そういう人たちがつながって、さらに強化し合って、「オレはこれでいいんだ！」と思えてしまう変なマッチングができてしまったのです……。

太田　そうですね。でも、「ジェンダーレスな社会がいつかは来る」と思って、加速していくことあるのみです。私たちは、それを阻害する要因と戦い続けていくしかないですね！

※　出典:長谷川晴生　2020年7月6日投稿
https://twitter.com/hhasegawa/status
/1279883071450275842

あとがき

田中俊之

教育・政治・経済・健康の４つの視点からその社会における男女平等の達成度合いを計測する数値として、ジェンダー・ギャップ指数があります。毎年、発表されると順位の低さが話題になることからわかるように、日本には根強く女性差別が残っています。とりわけ、政治と経済の分野における女性進出の遅れが深刻です。そのような中で、どうして男の子に焦点を当てる必要があるのだろうと思われるかもしれません。この疑問に対しては、ジェンダー平等を実現し、女の子が社会の中で力が発揮できるようにするために、男の子たちへのアプローチが重要だと答えることができます。

現代の日本社会では、女の子には協調、男の子には競争が求められる傾向があります。女の子は利他的でなければならないが、男の子は利己的でも良いとされていると言い換えることができるでしょう。２０１４年に公開された『アナと雪の女王』が象徴的ですが、女の子が人のためではなく自分のために「自分らしく生きていい」というメッセージは珍しいものではなくなりました。

しかし、その一方で、これからの未来において男の子たちはどうすればいいのかについてはほとんど議論がされていません。ジェンダー平等を目指すのであれば、男女の関係性の問題である以上、女の子たちだけではなく、男の子たちにもこれからの未来をどう生きるかについてのメッセージが必要です。本文でも登場しましたが、〈トキシック・マスキュリニティ〉という言葉があります。改めて確認しておくと、「自他を害する過剰な男らしさへの執着」を意味します。太田啓子さんとの対談を通じて、これからの未来を生きる男の子たちが自分も他人も傷つけないようにするにはどうすればいいのかを感じてもらえたのであれば非常に嬉しいです。

参考文献
伊藤公雄・多賀太・大東貢生・大山治彦 2022『男性危機？ 国際社会の男性政策に学ぶ』(晃洋書房)

Profile

太田啓子

Keiko Ota

弁護士。高校生と中学生男児の母。離婚問題、セクハラ事件などに多く関わる。弁護士業務と育児の経験を基にした、ジェンダーにまつわるSNS投稿が反響を呼ぶ。性差別、性暴力について次世代についてどう教えるか悩みつつ書いた子育てエッセイ『これからの男の子たちへ』(2020年／大月書店)が話題になり、韓国、台湾など4か国で翻訳。

田中俊之

Toshiyuki Tanaka

社会学者。大妻女子大学人間関係学部准教授。専門は男性学。『男性学の新展開』(2009年／青弓社)、『男子が10代のうちに考えておきたいこと』(2019年／岩波書店)など著書多数。競争社会、労働問題など「男性が男性であるがゆえに抱える問題」「男らしさ」「男は弱音を吐かない」などの解放を推奨。ジェンダーや男性学の視点から男女ともに生きやすい世の中を研究。私生活では小学生と保育園男児の父。

いばらの道の男の子たちへ

ジェンダーレス時代の男の子育児論

2024年6月10日　初版第1刷発行

著者　太田啓子　田中俊之

カバー・本文イラスト　加納徳博
ブックデザイン　秋穂佳野
取材　東 理恵
編集　川原田朝雄

発行者　今尾朝子
発行所　株式会社　光文社
〒112-8011　東京都文京区音羽1-16-6
https://www.kobunsha.com/
電話　STORY編集部 03-5395-7231
書籍販売部 03-5395-8116
制作部 03-5395-8128
メール　storyweb@kobunsha.com

組版　萩原印刷
印刷所　萩原印刷
製本所　ナショナル製本

落丁本・乱丁本は制作部へご連絡くだされば、お取り替えいたします。

ISBN978-4-334-10334-7

Memo